KB202586

성경에서
교회와 종말을 배운다

나용화

전라남도 나주에서 태어나 (1946년) 광주고등학교 졸업(1964년), 전남대학교 법과대학 졸업(1969년), 장신대학교 신학대학원 1년 공부(1969년), 총신대학교 신학대학원 졸업(1977년)하였고, 미국의 카베난트신학대학원에서 신학석사 학위(1983년), 콘콜디아신학대학원에서 신학박사 학위를 받았다(1988년). 1977년부터 1991년 8월까지 광신대학교에서(1981년부터 1984년까지 미국 유학함), 그리고 1991년부터 2013년 2월까지 개신대학원대학교에서 교수 및 총장으로 섬기는 가운데 신학을 가르쳤고, 지금은 명예교수이다. 또한 렘넌트신학연구원에서 조직신학을 강의하고 있다.

신학은 신앙의 종이요, 교회를 위한 학문이라고 생각하는 까닭에, 1980년부터 1991년 8월까지 광주 동명교회 대학부 지도목사로 섬겼고, 1992년에는 광주애양교회를 개척 설립하여 2000년까지 섬겼으며, 2001년에는 오치애야교회를 또다시 개척 설립하여 현재까지 섬겨오고 있다.

성경에서 교회와 종말을 배운다

발행일 2014년 11월 25일 초판 1쇄
지은이 나용화
발행인 박정자
발행처 에페코북스
기획·디자인 에페코북스 편집실
마케팅 이성인 김영주 허희승
주 소 서울시 영등포구 여의도동 14-5
제작처 (주)예손그리너
대표전화 (02)2274-8204
팩 스 (02)2274-1854
이메일 rutc1854@hanmail.net
등 록 제20011-999127호

Copyright©에페코북스, 2014, Printed in Korea
ISBN 979-11-85312-50-7

성경에서
교회와 종말을 배운다

나용화 지음

에페코북스

저자의 말

칼빈의 기독교강요는 읽기만 해도 엄청난 신학적 유익을 얻습니다. 신학생의 시절인 1975년부터 영문판을 읽으면서 칼빈과 친해지기 시작했습니다. 1982년 미국 카베난트신학대학원에서 칼훈 교수님에게서 체계적으로 전권을 배울 수 있어서 너무나 행복했습니다. 그 교수님의 강의안을 가지고 귀국하여 가르치다가 1991년 LA에 있는 International Theological Seminary에서 10여개 나라에서 유학온 신학생들에게 한 달간 집중 강의를 했습니다. 그때 강의안을 만든 것이 「칼빈의 기독교강요 개설」(기독교문서선교회, 1992년)이라는 제목으로 출간되었습니다. 이로써 칼빈을 더 가까이할 수 있는 복을 얻었습니다. 그 후 칼빈 탄생 500주년을 기념하여 홀과 릴벡이 편집한 「칼빈의 기독교강요 신학」(기독교문서선교회, 2009년)을 번역하게 되어 칼빈의 신학을 좀 더 깊이 있게 접하게 되었습니다.

미국 유학을 가기 전 광주신학교 교수로 재직하던 때 신내리 선교사님의 추천으로 골든 클락의 「장로교인들은 무엇을 믿는가?」(개혁주의신행협회, 1980년)를 번역하고, 그것이 계기가 되어 윌리암슨의 「웨스트민스터신앙고백서 강해」(개혁주의신행협회, 1980년)를 번역했습니다. 이 두 분의 책들은 웨스트민스터신앙고백 해설로는 독보적이었습니다. 이 두 권의 번역서를 가지고 신학교에서 신앙고백서를 지금까지 30년이 넘게 가르쳤습니다. 이 두 권의 책들은 분량이 많은데 비해, 대요리문답의 본문이 포함되어 있지 않아서, 간략하면서도 대소요문답이 포함된 「웨스트민스터신앙고백서」(기독교문서선교회, 2000년)를 저술하게 되었습니다.

칼빈의 기독교강요와 웨스트민스터신앙고백에 근거하여 신학을 정리하고 싶은 생각에서 「핵심조직신학개론」 (기독교문서선교회, 2002년)을 저술했습니다. 태국에서 신학교를 운영하던 선교사님의 권고를 받아들여 분량을 적게 했습니다. 그러다보니 다소 불만족스러웠습니다. 그래서 책의 내용을 보완하여 「기독교 신앙의 진리」 (2004년)라는 제목으로 책을 만들었습니다. 그후 2006년에 웨스트민스터신앙고백의 대요리 문답의 십계명과 주기도 해설 등을 보완하고, 교회의 직분자들의 신학 교육을 염두에 두고서 「명쾌한 기독교 신학과 생활」 (기독교문서선교회, 2006년)을 출간했습니다. 2008년에는 로마서 강해서를 저술하고, 2010년에는 기독청년들의 요청으로 「예수님의 하나님 나라」 (RTS, 2010년)를 썼습니다.

이처럼 1980년부터 웨스트민스터신앙고백을 번역 저술하고, 1992년부터 칼빈의 기독교강요와 관련하여 저술하고 번역하며, 2002년부터 조직신학을 정리하는 책을 수차례 저술함으로써, 성경적 조직신학의 체계를 잡을 수 있었습니다. 이제 36년의 교수 생활을 마무리하게 되어, "성경에서" 신학을 주제별로 좀 더 자세하게 저술할 필요를 느꼈습니다. 그래서 「성경에서 계시를 받다」 「성경에서 하나님을 만나다」 「성경에서 인생을 찾다」 「성경에서 예수님을 알다」 「성경에서 구원의 행복을 누린다」 그리고 「성경에서 교회와 종말을 배운다」 등 여섯 권의 책들을 완간하게 되었습니다. 36년 교수 생활의 결실입니다. 1976년에 존 머레이의 「칼빈의 성경관과 주권사상」을 번역하고, 1983년에 「해방신학비판」을 저술한 것을 시작으로 약 40년에 걸쳐 25권의 영문서적들을 번역했고, 30권의 책을 저술했습니다. 하나님의 은혜입니다. 하나님 아버지께 영광과 감사를 돌려 드립니다.

지난 40년간 번역과 저술과 교수하는 일과 목회를 헌신적으로 묵묵히 뒷바라지해 준 아내의 수고와 기도가 큰 힘이 되었기에 깊은 감사를 드리고 고마움을 전합니다. 함께 놀아주지 못해 지금도 서운해 하는 아들 희삼(부산대학교 치의학전문대학원 교수)이와 딸 희경(UC버클리 졸업, 하버드대학교 보건대학원 생물통계전문가)에게 그 동안 아빠 노릇 제대로 못해서 미안할 뿐입니다. 저의 책들을 읽고서 문장을 짧게 만들라고 말해 준 며느리 최윤희(부산 동남권원자력의학원 내과과장)와 기쁨과 활력을 제공해 주는 손녀 유민과 혜민에게 고마움을 표하고 싶습니다. 이제 새 가족이 될 올리버 호프만(하버드대학교 보건대학원 생물정보학 director) 예비 사위에게도 감사하고 싶습니다. 나의 가족들의 힘이 오늘의 결실을 맺게 해주었습니다.

그리고 오늘의 결실이 있을 수 있도록 신앙과 신학을 가르쳐 주시고 지도해 주신 총신대학교 신학연구원의 조직신학 교수이셨던 신복윤 박사님(현, 합동신학대학원대학교 명예총장)과 교회사 교수이셨던 고 김의환 박사님(총신대학교 총장), 미국 카베난트신학대학원의 조직신학 교수이셨던 고 레이몬드 박사님과 콘콜디아신학대학원의 고 지원용 박사님께 한없는 감사와 존경을 드립니다. 그리고 1991년 개혁신학연구원에서부터 시작하여 개신대학원대학교에서 지금까지 줄곧 신학적으로 크게 도움을 주고받으며 친구로서 학문적 교제를 깊게 나눠 온 손석태 박사님(개신대학원대학교 명예총장)께도 깊은 감사를 드립니다. 또한 "성경에서" 시리즈를 집필하여 완간할 수 있도록 배경이 되어 준 렘넌트신학연구원의 신학생들과 원장 류광수 목사님과 여러 교수님들과 직원들에게 감사드립니다.

본서는 「명쾌한 기독교신학과 생활」 제22과에서 제30과까지 교회와 종말에 관한 부분을 활용하였습니다. 성경 본문은 대한성서공회의 「개역성경」을 인용했습니다. 한국성경공회의 「바른성경」을 사용하지 않은 것은 「개역성경」을 마지막으로 저의 저작물에 남겨놓고 싶어서였습니다. 수십 년을 읽어 온 「개역성경」에 대한 애정 때문입니다.

「성경에서」 시리즈 원고들을 세심하게 타이핑해 준 변혜원 자매와 에페코북스의 대표 박정자 권사님과 이미경 과장님 그리고 편집부 직원들의 수고에 깊은 감사를 드립니다. 모두 수고해 주셔서 감사하고 고맙습니다. 건강과 지혜와 은혜를 주신 하나님 아버지께 감사와 영광을 거듭 돌려 드립니다. 그리고 나의 학문적 소양을 갖추게 해준 광주고등학교 졸업 50주년을 기념하고 싶습니다.

2014년 11월

광주고등학교 졸업 50주년 총동문회 날에

저자 나 용 화

들어가는 말

| 성경에서 교회와 종말을 배운다 |

하나님께서 보시기에 이 세상에서 가장 존귀하고 영광스러운 것은 교회이다. 이는 하나님의 유일한 아들 예수 그리스도께서 십자가에서 흘린 피로 값을 지불하시고 사신 것이 교회이기 때문이다. 그래서 이 교회는 하나님의 가족이요, 그리스도의 몸이며, 성령의 전이고, 하나님의 가족들의 신령한 유기체이자 제도적 조직인 것이다. 이 교회는 하나님의 말씀의 순전한 교리와 끈끈한 형제 사랑에 기초하여 세워졌다. 그런 까닭에 이 교회 안에서만 하나님의 성도들이 구원을 받아 누린다. 교회 밖에서는 구원이 없다. 결코 있을 수도 없다.

이 교회가 튼튼하게 발전하는 데는 성경적인 순수한 교리가 밑받침되어야 하고, 형제 사랑으로 성령의 하나되게 하심을 잘 지켜야 한다. 순수한 교리의 보수와 형제 사랑으로 하나됨은 상호보완적이어서, 이 둘이 겸비되어야만 교회가 든든하게 서 가는 것이다. 그런데 오늘의 한국교회의 현실을 보면 이 두 가지가 다 약점이 있다. 교리적인 측면에서 보면, 자유주의 신학을 지향하는 교회들은 종교혼합주의를 받아들여 교회 밖에도 구원이 있을 수 있다고 주장한다. 그래서 타종교를 신봉하는 자들도 자기들의 종교를 통해서 종교생활을 잘 하고 있으면 기독교의 복음을 그들에게 구태여 전할 필요가 없다고 그들은 가르친다. 이에 반하여, 정통적 보수주의 신학을 지향하는 교회들은 자기들이 만들어 놓은 교리의 족쇄에 얽매여 성경의 복음적 진리를 왜곡시키고, 자기들의 잘못된 교리를 수정할 줄을 모른다.

특히 장로교회의 경우, 교회들이 칼빈과 웨스트민스터신앙고백을 성경적인 신학과 교리로 알고 받아들여 따른다고 하지만, 여러 가지로 무지하고 오해하고 있다. 예컨대, 계시에 대한 교리, 칭의와 성화, 종말과 하나님 나라 등 성경의 주요 교리들에 있어서 한국장로교회는 바로잡아야 할 것들이 있다. 칼빈과 웨스트민스터신앙고백에 의하면, 하나님의 계시가 항상 있고 단지 구약의 계시의 방식만 종결되었으며, 영원한 선지자 직분을 가지신 예수님은 영원히 살아계시어 성령을 통해서 항상 있고 또 살아있는 성경 말씀을 가지고 아버지 하나님 뿐 아니라 자신이 그리스도 구주이심을 계시하고 있다. 그리고 성령으로 말미암는 그리스도 예수님과의 신비한 연합에 근거하여 우리에게 칭의와 성화가 동시적으로 평생 경험된다. 종말론에 있어서도 이미 시작된 종말과 하나님의 나라가 강조되어 있다.

이에 비하여, 한국의 장로교회는 계시가 없다고 할 뿐 아니라 계시적 은사인 예언이 없으며, 환상도 꿈도 백해무익하다고 일축한다. 성경과 다른 계시, 또 예수 그리스도의 유일성 및 복음과 다른 계시가 없다는 것을 왜곡하여 오늘날에는 계시도, 예언의 은사도, 방언의 은사도 없다고 가르친다. 칭의에 대해서는 단회적 완료적인 것으로만 보는가 하면, 성화의 원인으로 오해하고 있다. 칼빈의 칭의론과는 굉장한 차이가 있다. 그리고 종말론의 경우도 한국의 보수적 장로교회는 일방적 내세주의와 세대주의에 가까운 전천년기설을 전통적으로 가르쳐 왔다. 그리스도로 말미암아 이 땅에서 이미 시작된 천국보다는 심령 천국과 신천신지를 강조한다.

이같은 왜곡된 교리들을 척도로 하여 한국교회는 많은 목회자들을 이단시하고 정죄하는 어리석음을 범했다. 또한 교리적인 아집과 폐쇄성으로 인하여 교회 안에서의 형제 사랑과 연합을 소홀히 여겼다. 이로 말미암아 보수적인 장로교회는 핵분열 하듯 산산이 조각나 있다. 치명적으로 전도의 문을 스스로 막고 있는 것이다. 칼빈은 형제 사랑으로 교회의 연합에 힘쓰라고 했으나, 한국의 장로교회는 분열을 멈추지 않고 있다.

장로교회의 정치원리 가운데는 상호 관용과 인내의 원리가 본래 있으나, 한국의 장로교회의 헌법에는 누락되어 있다. 이로 인하여 교회 안에서 관용과 인내가 훈련되어 있지 않다. 조금만 감정이 상하면 교회를 버리고 뛰쳐나가는 것이 다반사이다. 그리고 유형교회인 지역교회의 중요성보다는 보편적 우주적 교회를 강조하는 까닭에, 지역교회의 귀중성을 흔히 놓친다.

본서는 한국의 보수적인 장로교회의 신학적 교리적 약점을 염두에 두고 쓰여졌다. 특이한 점 가운데 하나는 성령세례와 성령충만을 구원론적으로 보는 대신에 교회론적으로 이해한 점이다. 성경적으로 충실하게 연구하여 기술하였다.

종말의 경우, 본서는 이중적 종말 곧 시작된 종말과 미래적 내세적 종말을 균형있게 상론하였다. 심령 천국보다는 그리스도께서 복음과 능력과 의로 성취된 천국을 이 땅에서 이미 성취한 것을 강조했다.

Contents

1장

은혜와 능력의 샘 : 교회의 설립과 본질

구원받은 성도들은 그리스도 안에서, 곧 예수 그리스도를 믿는 믿음으로 그분과의 신비한 연합을 통해서 구원을 지속적으로 누린다. 그런 까닭에 그리스도의 몸된 교회를 떠나서는 구원을 받을 수도 없고, 누릴 수도 없다. 교회가 없으면 교회 밖에서는 구원이 없다. 교회는 하나님께서 그리스도를 통해 성령으로 세우셨다. 그래서 교회는 하나님의 가족이요, 그리스도의 몸이며, 성령의 전이요, 특별히 성령의 은혜와 능력의 샘이다. 삼위일체 하나님의 교회이기에 신령한 영적 유기체이다. 이 교회에는 지역과 인종과 신분을 뛰어넘는 보편성, 그리스도의 몸의 지체로서의 통일성, 성령으로 말미암는 거룩성, 사도적 전통으로 말미암는 사도성 등의 본질이 있다. 따라서 하나님이 세운 지역교회가 외관상 규모가 작고 허물이 다소 있어도, 교회의 본질 때문에 교회는 영광스럽고 존귀한 것이다.

1. 교회의 필요성

주 예수 그리스도를 믿어 구원받은 성도는 하나님이 눈동자처럼 아끼고 사랑하여 보호하시며, 항상 함께 하시고 그의 강한 손과 팔로 붙잡아 주심으로, 환난이나 곤고한 중에도 인내하여 마침내 구원에 이르게 하시며, 또한 구원에 대한 확신도 주시는데 왜 교회가 필요한가?

사람은 하나님이 지으실 때 남자와 여자가 한 몸을 이루게 하셨는 바, 처음부터 공동체적 존재로 지으셨다. 가족과 민족과 나라를 이루며 살게 하셨다. 이는 한 사람보다는 여러 사람이 함께 있는 것이 낫기 때문이다. "홀로 있어 넘어지고 붙들어 일으킬 자가 없는 자에게는 화가 있으리라. 두 사람이 함께 누우면 따뜻하거니와 한 사람이면 어찌 따뜻하랴. 한 사람이면 패하겠거니와 두 사람이면 능히 당하나니 삼겹 줄은 쉽게 끊어지지 아니 하느니라"(전4:10-11).

성도마다 성령으로 거듭나고 믿음으로 의롭다 함을 받고 하나님의 말씀과 성령으로 거룩하여져도, 몸 안에 죄와 정욕의 잔재가 있어 사단의 유혹을 받아 넘어지고 죄를 범하여 구원의 기쁨과 생명을 충만하게 누리지 못하는 경우가 많이 있다. 그래서 성도마다 혼자 있으면 더 잘 넘어지고, 넘어지면 다시 일어서기가 힘들다. 이 같은 성도의 연약함을 인하여 하나님은 예수 그리스도를 머리로 하고, 사도들과 선지자들을 터로 삼으시며(엡2:20), 그리고 목사와 장로를 마디와 힘줄로 삼고(골2:19) 일반 성도들을 지체로 삼아 몸을 이루셨는 바, 이것이 바로 교회이다. 그래서 교회는 그리스도의 몸이요, 성도들의 교통(communion of saints)이며, 하나님의 자녀들의 공동체 (a community of God's children)이다.

그리스도의 몸의 지체된 성도들은 사도들의 신앙고백의 전통 위에 서고, 목사와 장로들을 통해서 포도나무 가지가 줄기에서 영양분과 수분을 공급받듯이, 머리이신 그리스도로부터 생명과 능력을 공급받아 풍성한 삶을 누린다. 그런 까닭에, 포도나무 가지가 줄기를 떠나서는 아무것도 할 수 없음은 물론 생존할 수도 없는 것 같이(요15:5,6), 성도는 머리이신 그리스도와 그의 몸을 떠나서는 아무것도 할 수 없고, 구원의 기쁨과 생명도 온전히 누릴 수가 없다. 이런 점에서 성도는 교회를 떠나서는 구원을 얻을 수도 없고 누릴 수도 없으며, 교회 밖에는 구원이 결코 없는 것이다.

그리스도의 교회의 주요 기능은 예배요, 교회는 본질적으로 예배 공동체이며, 사람의 창조와 구원의 목적이 하나님께 영광 돌리고 예배하는 것이기 때문에, 풍성한 생명과 기쁨을 누리며 살기 위해서는 교회의 예배에 부지런히 참석해야 한다. 하나님 아버지께서는 성령과 진리로 자기에게 예배하는 자들을 찾으신다. 지금이 바로 예배할 때이다(요4:23). 하나님은 영이시니 예배하는 자마다 성령과 진리로 예배해야 한다(요4:24).

2. 교회의 설립

예수님께서는 가이사랴 빌립보에서 베드로의 신앙고백을 들으시고서, "내가 이 반석 위에 내 교회를 세우리라"(마16:18)고 말씀하신 대로, 자기의 피로 교회를 사서(행20:28) 사도들과 선지자들을 터로 삼고 자기 자신은 친히 모퉁이 돌이 되어 교회를 성령으로 세례 주어(행2:1-4) 이 땅 위에 세우셨다(엡2:20). 이 교회를 위하여 사도, 선지자, 전도자, 목사와 교사(엡4:11), 감독과 집사(딤전3:1-13), 그리고 장로(딛1:5-9) 등을 세우셨다.

특별히, 예수 그리스도께서 십자가에 흘린 피로 값을 주시고(고전6:20), 죽은 자 가운데서 부활 승천하시어 성령을 보내어 세례를 주심으로 교회를 세우시되, 유대인 뿐 아니라 이방인들까지 자기의 십자가로 화목하게 하여 한 몸을 이룸으로(엡2:13-33) 아버지 하나님께 나아와 예배드리게 하였다. 이렇듯 그리스도의 피와 그가 베푸신 성령 세례로 말미암아 신약의 교회는 조직 교회로 세워졌다.

구약의 경우는 모세가 이스라엘 백성을 애굽에서 이끌어 내어 홍해를 건너게 하던 때 모세와 함께 그 바다 가운데서 물로 세례를 받아 교회가 되었고, 다같이 신령한 음식(만나)을 먹으며 신령한 음료(반석의 물)를 마셨다(고전10:1-4). 이것이 구약의 광야교회이다 (행7:38). 이 광야교회도 신약교회의 성도들처럼 유월절 양이신 그리스도(고전5:7)의 동일한 성례에 참여한 것이다(참고, 칼빈「신약주석」고전 10:1-4 주해).

3. 교회의 정의

하나님의 교회는 "그리스도 예수 안에서 거룩하여지고 성도라 부르심을 입은 자들과 또 각처에서 우리의 주 곧 저희와 우리의 주 되신 예수 그리스도의 이름을 부르는 모든 자들"(고전1:2)이요, 하나님의 사랑하심을 입어 예수 그리스도의 것으로 부르심을 입은 자들(롬1:6-7)이다. 좀 더 덧붙이자면, 하나님이 그리스도 안에서 선택하고(엡1:4), 복음으로 부르시어 그리스도의 피로 값 주고 사시되(행 20:28; 고전6:20), 예수를 그리스도로 믿는 신앙 고백 위에(마16:16-18), 성령으로 세례를 주고 인을 쳐(엡1:13), 그들 가운데 목사, 장로, 집사 등 직분자들을 세워 한 지역을 중심으로 모여진 성도들(고전1:2; 롬

1:7; 갈1:2; 엡1:1)이 바로 하나님의 교회다.

헬라어 '에클레시아'는 '하나님께 함께 부르심을 받은 자들'(the called-together by God)이고, 영어의 'church'는 '주께 속한 자들'이라는 의미를 가지고 있다. 우리말 '교회'는 '가르침의 모임' 곧 성경 말씀의 가르침을 배우는 모임을 뜻한다.

웨스트민스터 신앙고백의 정의에 의하면, 보편적이요 우주적인 "유형교회는 전 세계적으로 참 종교를 신봉하는 모든 사람들과 그들의 자녀들로 구성되어 있다. 이 교회는 주 예수 그리스도의 왕국이요, 하나님의 집이며 권속이다. 이 교회를 떠나서는, 즉 교회 밖에서는 통상적으로 결코 구원을 받을 수가 없다"(웨스트민스터 신앙고백 25장 2항).

4. 교회의 본질

교회의 머리는 예수 그리스도이시다. 그는 교회의 모퉁이 돌이시요(엡1:22; 2:20), 생수의 근원인 반석이시다(고전10:4). 이 반석이신 그리스도가 성령을 교회에 보내어 성령으로 세례를 주셨다(행2:3; 4:31; 8:17; 10:44; 11:17; 19:6). 이 같은 사실을 계시록 22:1-2에 비추어 보면, 이 반석은 하나님의 성전에서 하나님과 및 어린양의 보좌와 같고, 이 보좌로부터 생명수의 강이 흘러나와 생명나무로 실과를 맺으며 만국을 소생시키듯이, 성령이 생수의 강처럼 흘러 넘쳐 교회의 모든 지체들을 소성케 하는 바 은혜와 능력의 샘이다.

예수 그리스도께서 교회를 세우심에 있어서 교회에게 천국의 열쇠를 맡기셨다(마16:19). 이 천국 열쇠로 땅에서 무엇이든 매면 하늘에서도 매이고, 땅에서 무엇이든 풀면 하늘에서도 풀리는 바, 교회는 그리스도가 주는 놀라운 권세가 있다(마16:19; 18:18). 또한 성령이 교회에 임하시면 능력이 임한다(행1:8). 이 권세와 능력으로 말미암아 교회 안에서 기사와 표적들이 나타났다(행2:43; 4:30; 5:12).

교회의 머리이신 그리스도가 천지의 창조주이시요 주재이시며 만왕의 왕이시요 심판주이시기에, 그의 몸된 교회가 권세와 능력이 있음은 당연하고, 그를 믿고 영접하면 사람마다 그 속에서 성령으로 말미암아 생수의 강이 흘러남으로(요4:14; 7:38), 이 점에서 교회는 성령의 은혜와 능력의 샘인 것이다.

또한, 교회를 교회되게 한 그리스도의 십자가가 하나님의 은혜이자 능력이므로(고전1:18,24), 교회는 은혜와 능력의 샘이다. 그리고, 교회는 그리스도께서 성령으로 씻어 말씀으로 깨끗하게 하고 거룩하게 하신 까닭에 영광스러우며, 자기 몸을 주어 사신 까닭에 지극히 사랑하시고 보호하신다(엡5:25-29). 그리스도의 영광스런 교회가 은혜와 능력의 샘이다.

1) 영적 유기체

교회가 영적 유기체(spiritual organism)인 것은 다음과 같은 이유들 때문이다.

첫째, 성부 하나님이 생명의 창조자이시요, 성자 예수 그리스도가 생명의 원천이요(요1:4), 성령님이 생명을 주시는 영(롬8:2)이시기 때문이다. 이 삼위 하나님이 교회의 주인이심으로, 교회가 생명의 유기체요, 하나님이 영이심으로 또한 영적 유기체이다.

둘째, 삼위 하나님이 상호 유기적 관계 공동체이시기 때문이다. 교회의 주인이신 삼위 하나님이 상호간에 신비하게 인격적으로 내주하시어 사랑으로 섬기며 사귀는 위격 공동체로서 영적 유기체이시기 때문에, 교회도 사랑의 섬김과 사귐의 영적 유기체이다.

셋째, 교회는 하나님의 택한 백성들로 구성된 하나님의 가족이요(엡2:19), 그리스도의 지체들로 이루어진 그리스도의 몸이요(엡1:23), 성령이 인 치시고(엡1:13) 내주하시는 성령의 전(고전3:16)이시기에 영적 유기체이다.

이 같은 하나님의 영광스러운 교회가 영적 유기체로서 하나님의 가족이기에 보편성이 있고, 그리스도의 몸이기에 통일성이 있으며, 성령의 전이기에 거룩성이 있다. 그리고 교회는 사도들의 터 위에 세워진 까닭에 사도성이 있다.

2) 하나님의 가족(보편성)

교회는 예루살렘을 뛰어 넘어 유대와 사마리아 뿐 아니라 소아시아, 유럽을 거쳐 아프리카, 아시아 등 지역의 한계가 없고, 인종간의 구별이 없으며, 남녀 성별, 사회적 신분의 귀천이나 지위 고하에 관계없이, 모든 차별이나 한계에 관계없이 하나님이 자기의 택한 백성을 불러 모으신 바 하나님의 가족이다. 하나님은 예수 그리스도의 십자가로 이방인과 유대인 간의 막힌 담을 헐으시고 그의 피로 한 새 사람을 지어 한 몸으로 하나님과 화목 되게 하고, 한 성령 안에서 하나님께 나아가도록 한 것이다(엡2:13-19; 참고, 롬9:24-26).

그러므로 교회는 하나님 아버지께서 은혜와 평강으로 축복하신 자들이요(민6:24-26; 계3:19), 하나님의 긍휼을 덧입은 백성이며(벧전2:10), 그리스도 안에서 거룩하여지고 성도로 부르심을 입은 자들이다(고전1:1-2). 다시 말해서, 교회는 하나님이 그리스도의 피로 씻으시고 성령으로 거룩하게 하신 하나님의 거룩한 나라요, 이제는 하나님의 소유된 백성들의 공동체이다(벧전2:9).

이 하나님의 교회는 아브라함의 믿음을 따라 한 믿음과 한 소망을 가진 자들로서(롬4:16-18), 이방인이나 유대인들 간에 차별이 없음은 물론(갈3:28), 남녀노소 빈부귀천이 없으므로 하나님의 가족이요, 그래서 보편적인 교회이다. 이 점에서 교회는 하나님의 가족들의 교통하는 모임이요, 그래서 은혜와 능력의 샘이다.

3) 그리스도의 몸(통일성)

교회의 머리는 그리스도요(엡1:22), 터는 사도들과 선지자들이요(엡2:20), 마디와 힘줄은 감독, 목사, 장로 집사 등 직분자들이며(골2:19), 지체들은 일반 성도들로 구성되어 있는 바, 교회는 그리스도의 유기체적 몸이다(엡2:23). 이 교회는 그리스도의 피와 살을 함께 마시고 먹는 공동체요(고전11:22-26), 목자에게 양이 속하듯(겔34:15,23; 요10:14-16), 포도나무에 가지에 연결되듯(요15:4-5), 그리고 남편과 아내가 한 몸을 이루듯이(엡5:31-32) 유기적으로 통일된 한 몸이다. 그리고 성령으로 하나된 몸이다(엡4:3). 그래서 교회는 머리이신 그리스도에게서 성령과 말씀으로 그리고 사도와 장로와 목사와 집사 등 직분자들을 통하여 생명과 능력을 공급받는다(골2:19). 이와 같이 그리스도의 몸된 교회는 하나의 통일된 영적 유기체이기에, 사랑으로 성령의 통일성(unity)을 힘써 지켜야 하는 것이다(엡4:3-6). 그러므로 형제 사랑을 부인하는 교회 분열은 이단 사상만큼이나 악한 범죄 행위이다.

4) 성령의 전(거룩성)

교회는 하나님 아버지가 창세 전에 택하여 함께 불러 모으시고, 성자 예수 그리스도께서 피 값으로 사셨으며, 성령과 말씀으로 씻으시고 거룩하게 하시어 삼위 하나님 특별히 성령 하나님이 내주하시는 바 성령의 전 또는 하나님의 성전이다(고전3:16,17; 6:19; 고후6:16). 이 교회는 성령 세례로 세워졌고, 성령으로 충만하고, 성령으로 교통하기에(the fellowship of the Holy Spirit) 성령의 전이다(참고, 고후13:13).

교회는 성령으로 충만한 집인 까닭에 시와 찬미로 서로 화답하고 피차 복종한다(엡5:18-21). 그리고 성령의 은사들을 가지고 서로 섬긴다(롬12:6-13). 이 성령의 은사들을 통하여 온전히 서로 덕을 세울 수 있도록 성령께서는 성도들의 육신의 정욕을 십자가에 못 박고 성령의 열매를 맺어 오직 사랑으로 행하게 하신다(갈5:22-26).

교회는 성령의 전이기에 그것이 거룩성으로 인하여 악한 영들이 지배하는 세속과 구별된다. 이 거룩성으로 인하여 교회는 은혜와 능력의 샘인 것이다.

5) 사도적 전통(사도성)

교회의 머리이신 그리스도께서는 사도들을 터로 삼아 자기의 교회를 세우셨다(엡2:20; 마16:18). 그리스도의 사도는 그리스도의 전권대

사로서 복음의 일꾼들이다. 그리스도께서는 자기의 제자들을 사도로 세우시던 때 사명을 주어 세상으로 내보내어 십자가의 복음의 진리를 전하게 하시고 또 귀신을 내어 쫓고 병을 치료하는 권세도 있게 하셨다(막3:14-15). 예수께서 그의 제자들을 가리켜 "너희는 세상의 소금이요, 세상의 빛이라"(마5:13-14) 하신 말씀에 비추어 보면, 그의 사도들이 바로 세상의 소금이요 빛이다. 그래서 그리스도의 사도들은 세상의 빛과 소금으로서 세상에 나아가 복음을 전하고, 사람들 앞에서 착한 행실로 빛을 비추며, 세상 사람들을 불쌍하게 여겨 위하여 기도하고 질병의 고통에서 해방시켜 주었다(행2:22,43,47; 3:1-10).

이로 보건대, 그리스도께서 교회를 사도들의 터 위에 세우신 것은 이와 같이 사도적 전통을 이어 받아, 그리스도의 전권대사로서 (고후5:20) 세상의 빛과 소금으로서 복음을 전하는 일과, 중보 기도하는 일 그리고 긍휼을 베푸는 일 및 치유 사역 등 섬기는 일을 열심히 교회가 오늘도 변함없이 수행하도록 하기 위함이다. 그러므로 이 사도적 전통은 베드로의 사도권의 계보를 이어받는 것이 아니고, 그의 사명과 사역의 전통을 교회가 이어 받는 것을 의미한다.

5. 지역교회

하나님의 교회는 하나의 거룩한 보편적 교회(a holy catholic church)이다. 그러기에 지역교회마다 규모의 대소, 허물의 과다, 정치체제의 다양성, 조직의 허실, 외모의 화려함과 초라함 등에 관계

없이 대표성을 갖는다. 예를 들면, 칼빈은 교회를 성도들의 어머니와 학교로 비유한 바 있는데, 어머니는 한 분 뿐이요, 모든 어머니마다 어머니를 대표하며, 어머니마다 세상에서 가장 참되고 존귀하고 영광스럽고 사랑스럽고 자랑스러운 면류관인 것이다. 자기의 어머니의 허물이나 약점, 초라하고 허약함이 자녀에게 문제가 되지 않는다. 오히려 그것 때문에 더욱 어머니를 사랑하고 섬기는 것이다. 교회의 경우도 이와 마찬가지이다. 내가 섬기는 교회는 세상에 단 하나 뿐이요, 하나님의 대표적 교회이다.

교회는 하나님의 가족이요, 그리스도의 몸이요, 성령의 전이며, 사도적 전통 위에 세워진 영적 유기체요, 성도들의 어머니이자 학교이다. 그래서 존귀하고 영광스럽다. 하나님께는 기쁨이요 자랑의 면류관이다(참고, 살전2:19). 하나님이 지극히 사랑하시고 보호하신다. 그러므로 내가 섬기는 교회가 세상적으로 볼 때 외관상 허물이 있고 초라하며 부족한 부분이 있더라도 이 세상에서 내게는 단 하나뿐인 교회를 무시하거나 어지럽혀서는 결코 안 되고(고전11:22; 14:33,40), 항상 충성스런 마음으로 믿고 사랑하고 순종해야 한다(행16:4-5). 그리하면, 교회에서 성령의 은혜와 능력을 공급받게 되는 것이다.

지역교회마다 "살아 계신 하나님의 교회요 진리의 기둥과 터"(딤전3:15)이며, "만물을 충만케 하는 자의 충만"(엡1:23)이며, 하나님 나라의 대행자이므로, 교회를 사랑하고 충성스럽게 섬기는 것이 바로 참 믿음이요 축복이다. 교회의 본질(보편성, 통일성, 거룩성, 사도성)을 고려할 때, 하나님의 교회는 그리스도의 하나의 몸(유기체)이므로,

교회의 분열은 그리스도의 몸을 찢어 죽이는 악이요, 하나님의 나라를 파괴하는 범죄 행위이다. 요한계시록에 소개된 에베소교회는 교리의 순수성을 보수하는데 성공하였으나, 형제 사랑에 실패한 것 때문에 책망 받았다(계2:1~7).

2장

믿음과 사랑의 훈련장 : 교회의 권세와 기능

교회는 본질에 있어서 영적 유기체(spiritual organism)이다. 그러나 기능에 있어서는 제도적 조직(institutional organization)이다. 그러기에 교회는 하나님의 자녀된 사람을 중요하게 여겨야 하고, 건물인 예배당이 중심이 되어서는 안된다. 교회와 교회당(예배당)은 구별되어 마땅하다.

교회는 성도들의 어머니이자 학교이다. 이 점에는 교회는 성도들에게 믿음과 사랑의 훈련장이다. 그런 까닭에 교회는 권세를 가지고 있고, 교회로서의 표지(mark)가 있어야 하고, 교회의 영광스러움을 위해 특별한 기능과 사명이 있는 것이다. 이를 위해 교회는 그리스도의 속죄의 유익들을 성도들에게 풍성하게 베풀 수 있게 은혜의 외적 방편, 곧 하나님의 말씀과 성례와 기도를 활용해야 한다. 이로 말미암아 교회는 믿음과 사랑의 훈련장이 된다.

1. 제도적 조직

교회는 예수 그리스도가 머리이시자 모퉁이 돌이시요, 사도들이 터이며, 직분자들(목사, 장로, 집사 등)이 마디와 힘줄 노릇하도록 되어 있는 성도들의 교통(communion 또는, fellowship)이자 공동체(community)이다. 그럼에도 불구하고 많은 사람들이 교회와 건물인 교회당을 혼동하고 있다. 교회당 또는 예배당 즉 교회가 모이는 건물 또는 예배드리는 건물을 교회로 생각하는가 하면, 심지어는 예배당을 성전으로 그리고 예배당의 강대상을 제단으로 오해하고 있다. 그래서, 교회 예배실 입구에 '사랑성전' '소망성전' 등의 표지를 붙여 놓는가 하면, 예배당을 건축하는 일을 성전 건축이라 하고, 입당이나 헌당하는 경우 성전 입당 또는 성전 봉헌 등의 표현을 일반적으로 사용하고 있다. 교회의 본질이 사라지고, 외형이 중요시되고 있다.

교회는 그리스도의 몸이요 하나님의 가족이며 성령의 전이기에 몸의 지체요, 가족의 구성원이요, 성전의 교제의 섬김이들인 사람이 중요하다. 따라서 사람 중심이 아니라 프로그램이나 운동(movement) 중심으로 거대한 조직만을 추구하면 큰 물결처럼 역동성이 있는 듯 하지만, 운동 중심의 교회는 조직을 담는 건물에 강조점을 두게 됨으로써 하나의 큰 기계(machine)가 되기 쉽다. 이렇게 되면, 성도들이 자기의 가치를 잃게 되어 교회가 마침내 하나의 기념물(monument)이 되고 마는 것이다. 종교의 겉모양과 건물만 남는다.

교회는 한 아버지 하나님, 한 주 예수 그리스도, 그리고 한 성령님을 모시고, 한 믿음, 한 소망, 한 사랑을 가지고 형제끼리 연합하여 교제하며 예배하는 성도들의 교통의 본질을 잘 유지해야 한다.

2. 성도들의 어머니와 학교

교회가 거대한 기계 또는 기념물로 전락하지 않고, 은혜와 능력의 샘으로 생수가 넘치고, 사람 중심의 믿음과 사랑의 훈련장이 되려면 성도들의 어머니이자 학교로서 잘 먹여 주고, 길러주며, 가르치고 바로잡아 주어야 한다. 이를 위해서는 하나님의 말씀을 연구하여 가르치며 질서를 유지하는 등의 권세가 있어야 하고, 말씀 선포와 성례와 권징과 같은 것들도 갖추며, 예배와 전도 등 기능을 잘해야 하는 것이다. 즉, 교회로서의 권세, 교회로서의 표지, 그리고 교회로서의 기능을 갖추어야 한다.

3. 교회의 권세

그리스도의 삼중직과 관련하여 교회는 삼중의 권세가 있다. 선지자직은 교리권, 왕직은 치리권, 그리고 제사장직은 봉사권과 각기 관련된다.

교리권에는 하나님의 진리의 말씀을 수호하고(딤전1:3-4), 전파하며(딤후4:2), 해석하고(딤전4:13), 신앙고백을 작성하며(참고, 딤전1:20), 신학 연구를 통하여 진리를 발전시키는 일 등이 있다. 교회 역사에 있었던 각종의 회의들(예, 니케아 회의, 칼케돈 회의, 웨스트민스터 회의 등)은 기독교의 중요한 교리들을 연구하여 확정함으로써 교회가 교리권을 행사한 대표적인 사례들이다. 목회자들이 성경을 연구하여 해석하고 신학을 공부하는 것도 이 교리권의 행사인 것이다.

치리권에는 질서 유지권과 순결 유지권이 있다. 질서 유지권이란 교인의 자격, 직원의 자격, 공예배의 방식, 그리고 권징의 규칙 등을 제정하여 교회 내에서 모든 것을 질서대로 하는 권세이다. 이에 비하여 순결 유지권은 교회가 교리적 도덕적으로 순결할 수 있도록 교리적 이단이나 윤리적 범죄 행위를 가려서 책벌하는 권세이다.

봉사권에는 병자들을 위로하거나 치유하며, 위하여 기도하는 일(약5:14-15), 가난한 자들을 구제하는 일(행20:35) 등을 하는 권세이다. 치유와 구제는 하나님의 은혜와 사랑의 진실함을 증명해 준다(고후8:8).

4. 교회의 표지

한국의 교회는 교회 건물마다 십자가 탑이 높이 세워져 있고, 빨간색 불빛이 찬란하다. 비행기에서 내려다보면 도시마다 십자가로 수놓아져 있음을 발견할 수 있다. 대단한 장관이어서 외국인들에게는 흥미 있는 볼거리이기도 하다.

그러나 교회가 교회인 것을 보여주는 표지는 십자가 탑이 아니고, 예배와 권징이다. 예배에는 찬송, 기도, 말씀선포, 성례, 헌금, 교제 등 주요한 요소들이 있다. 이 요소들 가운데서 특별히 말씀선포와 성례가 표지로 꼽힌다. 이는 거짓된 종교들에도 그들 나름의 찬송과 기도와 헌금이 있고 그들의 경전을 가르치는 일과 예식도 있는 바, 말씀 선포의 경우는 기독교의 복음의 진리가 타종교에는 없고, 또 예수께서 제정하신 성례도 없기 때문이다. 기독교의 교회는 복음의 말씀선포와 성례에 있어서 그 독특함을 드러낸다.

그래서, 교회의 첫 번째 표지는 복음의 진리의 말씀 선포이다. 교회의 성도들은 복음의 진리를 들음으로 믿음이 생길 뿐 아니라, 그 믿음이 자란다(롬10:17). 복음의 진리의 말씀이 온전하게 선포되지 않으면 교회는 더 이상 교회가 아니고, 교회로서의 생명이나 권세를 상실한다. 이 말씀의 선포는 교회 안에서 기도와 사랑을 열매 맺음으로 교회를 교회 되게 한다.

교회의 두 번째 표지는 성례이다. 즉 성부와 성자와 성령의 이름으로 베풀어지는 세례와, 예수께서 친히 제정하신 성찬이 교회의 표지인 것이다. 세례를 통해서 그리스도의 몸의 지체가 되고, 성찬을 통해서는 그리스도의 피와 살을 기념함으로 그의 생명을 공급받을 뿐 아니라 성도들이 함께 참여함으로 한 몸 되어 서로 섬기고 사귀는 것이다. 그런 까닭에, 성례를 통하여 교회가 사랑의 교제를 열매 맺고, 서로 위하여 중보 기도함으로 교회가 교회답게 된다. 말씀 선포와 성례로 말미암아 교회 안에 사랑과 기도가 열매 맺음으로 교회가 교회다운 모습으로 드러나는 것이다.

교회의 세 번째 표지는 권징이다. 권징은 교회의 순결을 유지하기 위한 권세와 관련이 있다. 교회 안에 권징이 필요한 것은 범죄한 성도들을 바로잡아 잃어버리지 않기 위함일 뿐 아니라, 다른 성도들이 그 같은 유사한 죄들을 범하지 않도록 미리 막기 위함이다. 권징의 종류로는 권계, 일시적인 수찬 정지, 그리고 교회에서의 제명 등이 있다. 이 권징도 사랑의 표현이며, 기도함으로 권징을 행해야 한다. 기도와 사랑이 없이 권징하면 더 이상 교회가 아니다.

5. 교회의 기능과 사명

예수님께서 하나님의 나라 건설과 확장을 위하여 친히 행하신 일들을 보면, 하나님께 영광 돌리며 예배하는 일을 힘쓰고(참고, 요4:21-24), 성경 말씀을 가르치시는 일을 또한 힘쓰고(참고, 마4:23, '저희 회당에서 가르치시며'), 천국 복음을 전파하는 일을 힘쓰고(참고, 마4:17; 4:23, '천국 복음을 전파하시며'), 병자들을 고치시는 일을 힘쓰고(참고, 마4:23, '모든 병과 모든 약한 것을 고치시니'), 굶주린 자들에게 먹을 것을 주어 먹이시는 일도 힘쓰시고(참고, 마14:15-21; 15:32-38), 그리고 사회적 문제(예, 빈부의 갈등, 이혼문제, 세금문제 등; 마18:21-25; 19:3-9; 22:15-22)에도 적극적으로 참여하셨다.

이로 보건대, 예수 그리스도께서 친히 세우신 바 그의 몸된 교회도 바로 그 일을 이어받아 행하는 것이 바로 교회의 기능이요 사명인 것이다. 그러므로, 교회의 기능과 사명은 다음과 같다.

첫째, 교회의 가장 주요한 기능과 사명은 예배이다. 하나님은 자기를 예배하는 자들을 찾으시며, 자기의 백성된 자들이 교회를 이루어 성령과 진리로 예배하는 것을 기뻐하신다(요4:23). 그런 까닭에 교회는 무엇보다도 예배 공동체로서 하나님께 예배드리기를 힘써야 한다. 예배의 초점과 대상은 하나님이다. 그러나 예배에는 이웃에 대한 섬김과 사귐이 있어야 하고, 또한 땅에 대한 배려도 따라야 한다. 이는 '예배'라는 단어(영어, 'service', 히브리어, '아보다')는 본래 하나님께 대해서는 '예배'를 뜻하지만, 사람에 대해서는 '섬김'(봉사)을 뜻하고, 땅에 대해서 '일하다'(경작)를 뜻하기 때문이다. 하나님을 사랑하여 드리는 예배는 이웃 사랑과 땅 사랑으로 그 진실함을 드러내는 것이다.

둘째, 교회에는 성경을 가르치는 기능이 있다. 우리말 '교회'는 이 가르치는 기능을 특별히 강조하고 있다. 예수님은 무엇보다도 성경을 바르고 깊이 있게 가르치기를 힘쓰셨다. 그의 산상설교와 천국 비유 등은 교회의 성경 교육의 중요성을 보여 주고 있는 것이다.

교회는 성경 교육 뿐 아니라 교리 교육도 함께 힘써야 한다. 이 때문에 성령께서는 교회의 어떤 이들에게 가르치는 은사를 주신 것이다(롬12:7; 고전12:8).

셋째, 교회에는 복음전도와 선교의 기능이 있다. 성경을 교육하는 일이 교회 안에서 성도들을 위하여 행해지는 것인데 비하여, 복음 전도와 선교는 교회 밖에 있는 불신자들을 상대로 하는 것이다. 교회는 때를 얻든지 못 얻든지 세상 끝날까지, 인종 성별 귀천에 관계없이, 그리고 지리적 경계를 초월하여 땅 끝까지 복음을 전파해야 한다.

복음전도는 단순히 말로만 해서는 안 되고, 불신자들의 세계로 찾아가 그들과 삶을 함께 나눔으로 해야 한다. 세상의 빛과 소금이 됨으로 복음 전도가 풍성한 열매를 맺는 것이다.

넷째, 교회에는 치유 사역의 기능이 있다. 교회는 모든 병든 자들을 위하여 기도하고, 예수 그리스도의 이름으로 병 고침을 받도록 힘쓴다. 그리고 병원 사역을 돕는다. 의료 선교는 복음을 효과적으로 증거 하는 데 아주 중요한 방편이다.

다섯째, 교회에는 구제 사역의 기능이 있다. 교회는 가난하고 굶주린 자들, 지체 부자유자, 정신 지체자, 알콜 중독자, 또는 가정이 파괴된 자들 등 사회적으로 도움이 필요한 자들에게 필요한 도움을 주는데 힘을 쓴다.

여섯째, 교회에는 건덕(edification)의 기능이 있다. 교회는 성도들 간에 사랑으로 서로 섬긴다. 무거운 짐을 함께 나누며(갈6:2), 슬픔과 기쁨을 함께 나눈다. 애경사에 적극 참여하고, 상호 심방하여 보살핀다.

일곱째, 교회에는 사회적 책임도 있다. 건덕의 기능이 교회 안에서 성도들 간에 행해지는 것인데 비하여, 사회적 책임은 교회 밖의 일반 세상에 대한 참여이다. 사회복지, 근로자 임금정책, 과도한 소비 억제, 환경 보호, 전쟁 억제, 건전한 문화 창달, 인구 정책, 노인 문제 등 사회적 문제들에 대하여 관심을 가지고 참여한다.

6. 교회의 원동력과 목적

예수 그리스도께서 하나님의 나라를 위하여 일할 때 성령의 충만함과 성령의 능력으로 하셨고(눅4:1,14; 행10:38), 또 항상 기도하심으로 하셨다(눅3:21; 5:16; 6:12; 마14:23; 눅22:39-46). 그리고 모든 일을 처음부터 끝까지 하나님 아버지의 영광을 위하여 하셨다. "아버지께서 내게 하라고 주신 일을 내가 이루어 아버지를 이 세상에서 영화롭게 하였사오니"(요17:4).

이로 보건대 교회도 그의 기능과 사명을 행함에 있어서 성령 없이는 할 수가 없다. 성령으로 충만해야 시와 찬미로 서로 화답하며 신령하게 하나님께 예배를 드릴 수가 있다(엡5:18-21). 성령이 임하여 권능을 받아야 성령의 능력으로 복음을 전한다(행1:8). 성령의 은사와 충만함이 있어야 성경을 잘 가르친다(롬12:7; 참고, 행6:8-10; 17:2 19:8-10). 성령이 믿음의 분량대로 은사를 주셔야 치유와 구제 및 건덕의 사역을 감당할 수 있다(롬12:10-13). 성령이 아니고서는 세상에 대하여 빛과 소금 역할을 할 수 없다(엡5:8-11).

그런데, 성도된 자들이 성령으로 충만하고 능력을 받으려면, 예수님이나 초대교회의 사도들이 그러했듯이(행1:14) 전혀 기도에 힘써야 한다. 교회의 모든 기능과 사명은 기도가 반드시 뒷받침되어야 하는 것이다. 주께서 그의 기도를 통하여 가르쳐 주신대로 하나님의 통치와 뜻이 이루어지기 위해서 반드시 기도가 있어야 한다. 기도 없이 무슨 일을 하는 것은 실패할 뿐이요, 하나님께 영광이 되지 않는다.

교회는 무슨 일이든 하나님의 영광을 위하여 해야 한다. 다시 말하면, 하나님의 나라가 선포되는 일을 위하여 교회는 존재하고, 그 기능을 수행해야 하는 것이다. 교회는 하나님의 의와 나라를 구하는데 최선을 다함으로(마6:33) 하나님께 영광을 돌린다.

7. 교회의 외적 방편

하나님께서는 교회가 은혜와 능력의 샘이요 믿음과 사랑의 훈련장으로서 그 기능과 사명을 온전히 행함으로써 성도들이 그리스도의 속죄의 유익들을 풍성하게 누릴 수 있게 몇 가지 방편들을 주셨다. 하나님이 주신 은혜의 내적 방편은 믿음과 회개이고, 외적 방편은 하나님의 말씀과 성례와 기도 등이다.

이에 대하여 웨스트민스터 소요리에는 다음과 같이 진술되어 있다:

"죄로 인해 우리가 마땅히 받아야 하는 하나님의 진노와 저주를 피하게 하려고 하나님이 우리에게 요구하시는 것은 그리스도께서 우리에게 구속의 유익을 전달하기 위해 주신 모든 외형적 방편들을 부지런히 사용하여 예수 그리스도를 믿는 믿음을 갖는 것과, 생명에 이르는 회개를 하는 것이다"(소요리 85 문답).

"그리스도께서 우리에게 구속의 유익을 전달하는 외형적이며 통상적인 방편은 그의 규례로서, 특히 말씀과 성례와 기도이다. 이 모든 방편은 택함을 받은 자들에게 구원을 얻는 데 효과적이다"(소요리 88 문답).

1) 하나님의 말씀

교회의 권세 중에 가장 주요한 것이 하나님의 말씀을 가르치고 전하는 것이요, 교회의 표지 중에 가장 주요한 것 역시 하나님의 말씀 선포이며, 교회의 기능 중에 가장 주요한 것이 예배요 그 예배의 핵심은 하나님의 말씀을 전하는 것이다. 이로 보건대, 교회는 하나님의 말씀이 항상 최고의 중심인 것이다.

성령께서는 이 하나님의 말씀을 가지고 또 말씀을 통하여 그의 효력 있는 방편으로 삼아 죄인들을 감화시켜 회개에 이르게 하고, 믿음으로 말미암아 거룩함과 안위 가운데서 든든하게 세워 구원을 얻게 한다(참고, 웨스트민스터 소요리 89 문답).

하나님의 말씀이 구원을 얻는데 유효하려면, 우리가 부지런함과 마음의 준비와 기도로 말씀을 주목해야 한다. 그리고 믿음과 사랑으로 그 말씀을 받아, 우리 마음에 간직하여 우리의 생활 속에서 성실하게 그리고 열심을 가지고 실천해야 하는 것이다(웨스트민스터 소요리 90 문답).

하나님의 말씀은 완전하고 확실하여 우리의 영혼을 소성케 하고 지혜롭게 하며 눈을 밝게 하여 허물을 깨닫게 해 준다(시19:7-12). 이 말씀은 발의 등이요 길에 빛과 같아서(시119:105) 악한 길로 가지 않게 하고(시119:101) 거짓된 행위를 미워하게 한다(시119:128). 그리고 믿음을 심어준다(롬10:17). 이렇듯, 성령께서는 하나님의 말씀으로 회개와 믿음을 우리 안에서 역사하여 구원에 이르게 하는 것이다.

2) 성례

㉮ 세례

성례는 그리스도가 세우신 거룩한 예식으로서, 세례와 성찬이 있다. 이 성례는 그리스도께서 십자가에서 영원한 속죄를 단번에 드리심으로써 우리로 죄를 사함 받게 하고 영생을 얻게 한 바 복음의 진리를 좀 더 명확하게 이해할 수 있게 함으로써, 우리의 구원이 전적으로 십자가에 못 박혀 죽으신 그리스도에게 달려 있음을 확신시켜 주는 하나님의 거룩한 예식이다(하이델베르크 요리문답 66-67 문답).

그러므로 이 예식을 그리스도께서 자기의 교회 안에서 정하신 목적은, 첫째, 하나님의 은혜 가운데 있는 자들에게 그리스도의 중보의 유익을 나타내고 인치기 위함이다. 둘째, 믿음과 여타의 모든 성령의 은혜를 강화하고 증가시키기 위함이다. 셋째, 순종케 하기 위함이다. 넷째 성도들 상호간에 사랑과 교제를 증거하고 간직케 하기 위함이다. 다섯째, 언약 밖에 있는 사람들과 성도를 구별하기 위함이다(웨스트민스터 대요리 162 문답).

이 성례 가운데 세례는 우리의 선한 양심이 그리스도 안에서 하나님을 향하여 찾아가는 구원의 표호이자(벧전3:21), 성부와 성자와 성령의 이름으로 물을 적시어 씻는 예식이다. 포도나무 비유처럼 그리스도 예수에게 연합되어 그리스도의 몸의 지체 곧 교회의 회원이 되고, 그리스도의 피로 죄 사함을 받으며, 성령으로 거듭난 것과, 하나님의 자녀된 것과, 영생으로 부활한 것에 대한 표호이다(웨스트민스터 대요리 165 문답). 그러므로 이 세례 의식은 성도가 하나님의 가족이요, 그리스도의 몸의 지체요, 성령의 전으로서 하나님과 및 그리스도와 새롭게 언약을 맺는 의식이요, 그리스도의 지체로서 새로운 삶을 공적으로(교회적으로) 시작하는 의식이다(갈3:27).

그래서, 이 세례는 첫째, 그리스도의 죽으심과 부활하심에 동참하는 것이요(롬6:2,3; 7:4), 둘째, 죄의 고백과 회개이며(행22:16), 셋째, 그리스도의 몸 안으로의 연합이다(요15:5). 이 연합의 의식을 통해서 그리스도를 머리로 하고 사도들과 선지자들을 터로 삼아 모든 성도들과 함께 각 성도가 그리스도의 몸 곧 교회를 이루어 가는 것이다(엡2:21-22; 4:4-6).

세례의 방식에 대해서는 물을 가지고 성부와 성자와 성령의 이름으로 목사가 베풀되, 머리에 물을 적시는 세례와 몸을 물에 담그는 침례가 교회에 따라 행해지고 있다. 장로교회는 웨스트민스터 신앙고백대로, "세례 받는 사람을 물 속에 잠기게 할 필요가 없고, 세례는 그 사람 머리 위에 물을 가볍게 붓거나 뿌려서 베푸는 것이 좋다"(28장 3항)는 입장이다. 이에 반하여, 침례교회는 요한복음 3:23,

세례 요한이 세례를 주던 때 "거기 물이 많았던" 사실과, 로마서 6:3과 골로새서 2:11-12에서 그리스도의 묻히심과 부활을 세례 방식의 모형으로 해석하고서 침례를 주장한다. 이에 대해서는, 사도행전의 바울과 고넬료의 가족 그리고 빌립보 감옥의 교도관 가족의 경우 모두 집안에서 세례 의식이 베풀어졌고(행9:18; 10:25; 16:32), 특히 교도관 가족의 경우는 한 밤중을 지나 베풀어졌기 때문에 침례 방식으로 베풀어지지 아니했을 것이 분명하다.

세례의 대상에 대해서는, "그리스도에 대하여 신앙과 순종을 실제로 고백한 사람들 뿐 아니라, 양친이 다 믿거나 어느 한 편만 믿는 가정의 유아들도 세례를 받을 수 있다"(웨스트민스터 신앙고백서 28장 4항)고 진술된 대로, 신앙을 고백하는 성인들과 그들의 유아들이 세례의 대상이다(참고, 하이델베르크 요리문답 74 문답).

이 물세례는 물세례 자체가 죄를 씻어준다는 의미로 베풀어지는 것이 아니고, 물이 우리의 더러움을 씻어 주듯이 그리스도의 피와 성령이 우리의 죄를 씻어 거룩하게 한다는 것을 가리키고, 죄 사함에 대한 확신을 갖도록 하는 데 그 의미가 있다(하이델베르크 요리문답 72-73 문답).

㉯ 성찬

성찬은 예수 그리스도의 명령을 따라 떡과 포도주를 주고받음으로 행하되, 그의 죽으심을 기념한다. 이 성찬에 합당하게 참예하는 자들은 그리스도의 몸과 피를 먹고 마심으로 영적 영양분을 얻는 은혜 가운데 성장하게 된다. 그리고 그리스도와 더불어 갖는 연합과 교제를 확고하게 하고, 하나님께 대한 넘치는 감사와 약속 뿐 아니라, 그리스도의 신비한 몸의 지체들로서 상호간에 갖는 사랑과 교제를 증거하고 새롭게 하게 되는 것이다(웨스트민스터 대요리 168 문답).

포도나무 비유에서 나무줄기에 접붙임 받는 것이 세례를 나타낸다고 하면, 그 나무 줄기에서 생명을 공급받는 것은 성찬에 해당한다. 이 성찬은 그리스도의 피와 살을 나눔으로써 성령을 통해 받는 구원의 은사요, 그리스도의 죽음과 부활을 기념하고 장차 마지막 날에 있을 어린양 예수의 새 하늘의 잔치를 미리 맛보는 의식이며, 새 언약의 잔치로서 교회의 새로운 유월절 식사이다(고전 11:25; 마26:19, 28).

그러므로 이 성찬은 첫째, 하나님의 모든 은총에 대한 감사와 찬양의 잔치이다. 하나님의 구원과 그의 나라 건설에 대한 승리의 찬양의 잔치인 것이다.

둘째, 그리스도에 대한 기념이다. 그의 영으로 교회 안에 임재해 계시는 그리스도와 그의 십자가의 대속적 피의 은혜를 기념하는 것이다. 즉, 십자가의 죽음과 승리의 부활을 송축하기 위함이다.

셋째, 그리스도의 몸 안에서 성도들이 갖는 교제이다(행2:42,46). 성도들의 하나됨과 사랑과 섬김과 사귐을 나누는 잔치이다.

넷째, 성령께서 그리스도를 초대하여 성만찬에 임재하게 하신 잔치이다(고전11:20-22). 성만찬에는 그리스도께서 임재하여 계시기에 루터는 공재설(즉 신체적 임재설)을 , 그리고 칼빈은 영적 임재설(즉, 영으로 임재하신다는 견해)을 주장했다. 로마 가톨릭 교회는 화체설 곧 떡과 포도주가 사제의 기도로 말미암아 그리스도의 몸과 피로 신비하게 변한다고 주장한다.

다섯째, 이 성찬은 하나님 나라의 잔치이다(고전11:26). 그리스도가 재림하실 때 참예하게 될 어린양 잔치를 이 땅에서 미리 맛보는 하나님 나라의 식사가 바로 성찬인 것이다. 이 땅에서 그리스도의 피와 살을 먹고 마심으로 그의 생명과 은혜를 공급받을 뿐 아니라, 장차 참예할 하늘의 잔치를 기대하는 것이다.

㉗ 기도

하나님이 주신 은혜의 외적 방편들 중의 하나인 기도는 그리스도의 이름으로 성령의 도움을 받아 우리의 소원을 고하되, 하나님의 뜻에 합당한 것을 구하고, 우리의 죄를 자복하며, 그의 자비하신 모든 은혜를 감사하는 것이다(웨스트민스터 소요리 98 문답). 이 기도는 하나님께서 성도들에게 요구하시는 감사의 주요한 요소로서, 그리스도의 십자가를 통해 나타난 하나님의 큰 사랑과 성령을 하나님은 기도하는 자에게 주시기를 기뻐하신다(하이델베르크 요리문답 116 문답).

그래서, 기도는 하나님의 은혜와 긍휼을 인하여 감사를 드리는 믿음의 행위이자, 믿음의 주요한 훈련(the chief exercise of faith)이다. 우리의 믿음은 기도를 통해서 표현되고, 견고해지며, 훈련되는 것이다. 또한 이 기도는 천국의 보화를 얻게 해주는 믿음의 만능열쇠(the master key of faith)요, 더러운 죄를 내뿜고 성령을 들어 마시는 믿음의 호흡(the breath of faith)이며, 사랑의 생명줄(life-belt of love)이요, 형제 사랑을 실천하는 사랑의 손내밈(out-reach of loving hand)이며, 하나님 나라를 위한 영적 대결의 무기(weapon of spiritual struggle)이다.

이 기도에는, 첫째로, 하나님을 높여 드리는 찬미(adoration)가 있어야 한다. 오직 우리는 참되고 한 분 뿐이신 하나님께만 기도하고 그를 높이며 경배해야 한다. 둘째로, 우리의 죄와 허물을 솔직하게 아뢰는 고백(confession)이 있어야 한다. 우리의 영적 가난함과 비참함을 알고서 우리 자신을 낮추어야 하는 것이다. 셋째로, 하나님의 죄 용서의 은혜와 범사에 베푸신 사랑에 대한 감사(thanksgiving)가 있어야 한다. 넷째로, 우리의 필요에 대하여 하나님께 간절히 매달려 구하는 간청(supplication) 곧 중보기도가 있어야 한다. 다섯째로, 하나님이 우리의 기도를 들으신다는 것에 대한 확신(confidence)과 신뢰(trust)가 있어야 한다. 우리에게는 기도할 자격이 없음에도 불구하고 우리 주 그리스도 때문에 하나님이 그의 말씀으로 약속하신 대로 우리의 기도를 확실하게 들으신다는 것을 확신해야 하는 것이다(참고, 하이델베르크 요리문답 117 문답). 여섯째로, 반드시 예수 그리스도의 이름으로(in the name of Jesus Christ)드려야 한다. 예수 그리스도가 아닌 다른 이름으로 해서는 안 되고 우리의 유일한 중보자이신 예수 그리스도의 이름으로만 그리고 그의 영광을 위해서만 기도해야 하는 것이다.

3장

교회의 정치 : 제도, 직원, 및 회의

교회는 영적 유기체일 뿐 아니라 제도적 조직이기 때문에 정치가 필요하다. 교회 정치의 주체이신 삼위 하나님은 성경에 근거하여 하나님 나라의 선포와 확장 및 그 나라의 영광과 평화를 목적으로 삼아 정치하게 하신다.

교회 역사를 보면 교회 정치의 제도로는 크게 세 가지가 있는 바, 로마 가톨릭교회의 감독 정치와 장로교회의 장로 정치 그리고 침례교회의 회중 정치가 있다. 이 교회 정치에는 성경적인 주요 원리들에 근거하여 시행되고, 몇몇 직원들과 회의를 통해서 교회가 움직여지는 것이다.

1. 교회정치의 필요

교회는 하나님의 백성들의 큰 가족이자 나라요, 그리스도의 몸이요, 성령의 전으로서 영적 유기체이자 제도적 조직이다. 그래서 그리스도가 머리요, 사도들과 선지자들이 터이며, 장로와 목사, 집사 등이 힘줄과 마디이며, 일반 성도들이 지체들이다. 이 같은 유기체로서의 조직이 질서 있게 움직이려면 거기에는 정치가 필요하다. 예컨대, 모세가 출애굽한 이스라엘 백성들 곧 광야교회를 인도하던 때 그의 장인 이드로가 와서 살펴보고는 그 백성을 효과적으로 지도할 정치 모형을 제시한 바 있었다(출18:1-27).

그리고, 제도적 조직인 교회는 질서 있고 평화롭게 스스로의 권세들을 잘 활용하고, 예배와 말씀선포, 건덕, 사회적 참여 등 여러 가지 기능을 효과적으로 감당하기 위해서도 정치가 필요한 것이다.

이 교회가 하나님의 가족이요, 그리스도의 몸이요, 성령의 전이기 때문에, 교회 정치의 주체는 당연히 성부 하나님과 성자 그리스도 예수와 성령이시다. 이 삼위 하나님께서는 자기 백성들의 신앙과 생활의 절대 무오한 규칙으로 주신 성경을 지침으로 삼아 정치가 이루어지게 하신다. 그리고 하나님 나라의 선포와 확장을 목적으로 하는 것이다. 하나님 나라의 영광과 평화가 교회 정치의 목적이다.

2. 교회정치 제도

교회 역사상 교회가 택한 3대 정치 제도는 감독 정치, 장로 정치 그리고 회중 정치이다.

첫째, 감독 정치 : 감독 정치 제도에는 로마가톨릭교회의 교황 정치 제도와 영국의 성공회와 감리교회의 감독 정치 제도가 있다. 이들은 교회의 머리이신 그리스도께서 교회의 정치를 직접적으로 또는 독점적으로 사도들의 계승자인 감독 또는 교황에게 위임한 것으로 주장한다. 그래서 그리스도의 대표자인 감독 또는 교황이 교회의 교리, 예배, 행정 등을 결정하고 규정할 수 있는 권리를 가지며, 평신도들은 원칙적으로 참여할 권리가 없다. 이 제도에 의하면, 감독이 없으면 교회가 없다.

둘째, 장로 정치 : 장로 정치 제도는 대의정치를 특징으로 한다. 이 제도에 의하면 교회의 권위는 평신도들에 의해 선출된 대표인 장로들에게 있다. 치리 장로와 목사 장로로 구성된 당회를 중심으로 하되, 상회인 노회와 총회를 통해서 교회의 정치를 성경의 지침에 따라 하나님의 뜻의 실현과 하나님 나라의 영광을 위하여 한다. 통상적으로, 당회의 경우 평신도들의 실제적 대표인 치리 장로가 목사 장로보다 수적으로 많으나, 목사에게 당회의 의장권을 부여함으로써 당회 안에 정치적 균형이 이루어지게 한다.

셋째, 회중 정치 : 회중 정치 제도는 평신도들의 직접 결의를 원칙으로 한다. 평신도들에 의해 선출된 목사나 직분자들에게는 설교와 예배 및 교회 행정 사무 등을 처리하는 권위밖에 없다. 교회의 모든 정치권은 원칙상 교회의 일반 회원 전체에게 있는 것이다. 그리고 각 지역교회는 독립적으로 정치권을 행사하며, 장로교회의 경우처럼 개 지역 교회를 지도하고 감독하는 상회가 없다. 형식상 있는 상회는 상호 교제를 위하는 모임에 지나지 않는다.

이상의 세 종류의 정치 제도는 오늘날 대체적으로 장로 정치 제도로 기울어지고 있다. 감독 정치를 택하고 있는 교회가 평신도 대표들을 감독 주도의 회의에 참석시키는가 하면, 회중 정치를 택하고 있는 교회가 대의정치를 상당 부분 도입하고 있다.

사도행전에서 살펴보면, 사도들이 교회를 직접 치리하지 않고 장로들을 세워서 하였고, 한 지역에 있는 여러 교회들이 대표 장로들을 파송하여 큰 규모의 회의를 소집하고, 그 회의에서 의결된 것을 각 교회들로 하여금 순종하게 한 것으로 보아, 본래 교회는 장로 정치 제도를 택한 것으로 보인다(행15:1-29; 16:4-5; 딛1:5; 행14:23).

3. 국가와 교회의 상호 역학 관계

역사적으로 교회와 국가간의 역학 관계를 보면 세 가지의 형태가 있다.

첫째로는, 권세에 있어서 교회가 국가보다 위에 있는 형태이다. 하늘이 땅보다 높고, 해가 달보다 큰 것처럼 교회가 세속 국가보다 높고 큰 권세를 행사한다. 로마가톨릭교회에 의하면, 교황이 세속 국가의 왕보다 높고, 교회가 국가를 지배한다. 세속 권력은 교회의 교황으로부터 나오는 것이다. 그래서, 지금도 로마가톨릭교회는 각 세속 국가에 교황을 대리하는 전권대사를 파송하고 있고, 세속적 정치에 깊이 관여하기를 좋아한다.

둘째로는, 로마가톨릭교회의 경우와는 정반대로, 국가가 교회를 관리하는 형태이다. 세속 국가의 수장이 교회의 어른이 되어 성직자를 임명하기도 하고, 교회의 재정을 후원하며, 교회의 행정을 감독한다. 영국의 성공회가 이 같은 형태에 속하고, 독일의 루터 교회의 일부가 이에 준하는 형태에 속한다.

셋째로는, 세속 국가 권력도 하나님께로 나온 것으로 인정하여 교회와 국가가 모두 하나님의 섭리와 통치 아래 있음을 알고, 상호 독립되어 행동한다. 하나님의 나라의 영광을 위하여 서로 격려하고 후원하되, 상대방의 권위와 정치를 간섭하지 않는다. 대부분의 교회들이 이 같은 형태를 선호하고 있다.

4. 교회 정치 근본 원리

교회 정치 제도에 있어서 장로 정치를 택하고, 세속 국가와의 역학 관계에 있어서 상호 독립성을 인정하는 형태를 선호하는 교회는 다음과 같은 정치의 근본 원리들을 존중한다.

첫째, 양심의 자유의 원리 : 교회는 하나님만을 양심의 주로 인정한다. 하나님의 말씀과 하나님의 뜻에 배치되는 일에는 양심상 순종하지 않을 자유가 있다. 하나님은 자기의 자녀들이 하나님의 뜻에 자원하여 기쁨으로 순종하기를 원하시며, 인간적인 권위에 눌려 맹목적으로 믿거나 순종하는 것을 반대한다. 그리스도인의 양심의 자유의 큰 목적은 평생토록 하나님을 기쁨과 의로움과 거룩함으로 섬겨 하나님의 나라를 이 땅에서 선포하려는데 있다(참고, 웨스트민스터 신앙고백 제 20 장).

둘째, 교회의 자유의 원리 : 교회는 세속 국가의 권세와 상관없이 독자적으로 교회의 헌법을 제정하여 행할 자유가 있다. 교회의 직원, 행정, 재정 등 모든 일을 독자적으로 치리하는 것이다. 이로써 하나님의 뜻이 교회를 통해 이루어지게 한다.

셋째, 교회의 직원의 원리 : 교회는 직원의 자격을 스스로 규정하여 임명하고, 복음전파, 성례집행, 그리고 권징을 시행케 한다. 이로써 하나님의 나라를 전하는 것이다.

넷째, 진리와 행위의 원리 : 하나님의 진리의 말씀을 믿는 신앙은 선하고 거룩한 행실을 열매 맺는다. 선행의 열매가 없는 진리는 진리가 아니고 거짓이다. 교회는 진리를 선포하여 세상 사람들 앞에 빛을 비추어야 한다. 그래서, 교회는 세상의 소금이요 빛이다. 교회가 진리를 믿고 전파한다는 사실이 선하고 의롭고 거룩한 행실로 입증되어야 하는 것이다.

다섯째, 상호 관용과 인내의 원리 : 교회는 어떤 부분에서 의견상의 차이가 있거나, 성령의 은사에 있어서 다르고, 성경에 대한 해석상의 차이, 그리고 성도 개개인의 성격이나 신분상의 차이로 인하여 비난해서는 안되고, 상호 관용하고 인내하며, 짐을 나누어지는 미덕을 정치 원리로 한다. 하나님의 의와 나라를 구하는 일에 서로 마음을 합하고 뜻을 모으는 것이다.

여섯째, 직원의 선거의 원리 : 교회 직원의 자격과 임직의 방법은 성경대로 하되, 직원을 선출하는 권리는 지역 교회의 교인들에게 있다.

일곱째, 치리권의 원리 : 모든 교회의 권세는 봉사적이고 도덕적이다. 교회는 법을 제정함에 있어서 신앙과 생활의 유일하고 절대적인 규칙인 성경에 말씀되어 있는 하나님의 계시된 뜻에 기초하여야 하고, 그것에 반하여 성도들의 양심을 속박해서는 안 된다.

여덟째, 권징의 원리 : 교회의 복락과 질서를 위하여 성경과 교회의 법을 어기는 자에 대해서는 공정하게 책벌한다. 교회는 신앙과 행위에 있어서 성경대로 하나님의 뜻에 순종하여 하나님의 영광을 드러내도록 성도들을 훈련해야 한다. 교회는 정치의 큰 목적을 하나님의 영광과 그의 나라의 선포에 두어야 한다. 이로써, 하나님의 뜻이 땅에서도 이루어지게 한다.

5. 교회의 직원

1) 비상 직원

그리스도의 제도에 의하여 교회의 정치를 주관하는 자들은 바울에 의하여 언급된 대로, 첫째는 사도, 둘째는 선지자, 셋째는 전도자, 넷째는 목사와 교사이다. 이들 가운데 사도와 선지자와 전도자는 사도시대의 교회에만 한시적으로 있었던 비상(非常) 직원들이다.

첫째, 사도 : 이 직분은 예수께서 택하신 열 두 제자들과 바울에게만 적용되지만, 넓게는 사도들과 함께 일한 자들로서 사도적 은사와 은혜를 받은 자들도 해당된다(예, 바나바; 행14:4,14; 고전9:5,6 고후8:24; 갈1:19).

사도들은 그 직분을 예수 그리스도로부터 직접 받거나(갈1:1), 그리스도의 부활의 증인이고(고전9:1), 그리스도의 계시에 대하여 성령의 감동을 받았으며(행15:28), 이적을 행하는 은사와 권능이 있고(고후12:12), 사람들에게 안수함으로 성령을 받게 하였다(행8:17).

둘째, 선지자 : 이 직분은 하나님의 말씀의 은사를 특별히 받고, 하나님의 비밀을 밝히 말하며, 미래의 일을 예고하였다(행11:28; 13:1,2; 엡2:20; 3:5).

셋째, 전도자 : 이 직분은 사도들을 수행하여 도왔고, 때로는 사도들에게서 특별한 사명을 받아 파송되었다. 70명의 예수의 제자들도 이 가운데 속하나, 빌립, 마가, 디모데, 디도 등이 있다(행21:8; 엡4:11; 딤후4:5). 이들은 복음을 전하고 세례를 베풀며 장로들을 세우고 권징을 시행했다(딛1:5; 딤전5:22; 딛3:10).

2) 통상 직원

교회의 통상 직원으로는 장로와 집사가 있다. 이 가운데 장로는 감독 또는 목사와 교인들을 대표하는 치리 장로가 있다.

첫째, 장로 : 교회의 치리 장로는 목사와 연합하여 교회의 정치와 권징을 시행할 목적으로 교인들에 의해 선택받은 바 교인들의 정당한 대표자들이다. 이들은 교회를 잘 다스리는 직분을 받았다(딤전5:17).

둘째, 목사 또는 감독 : 교회의 목회를 책임지는 직분이 목사 또는 감독이다. 목사는 교회를 치리하는 일 뿐 아니라 성례, 권징, 말씀 선포 등을 책임 맡아 행한다. 사도행전 20:28과 디모데전서 3:1-7, 및 디도서 1:5에 언급되어 있는 감독의 자격은 목사에게도 그대로 적용된다.

셋째, 집사 : 이 직분은 가난한 자들을 교회 안에서 돌보거나 헌금을 모아 분배하는 일을 하되(행6:1,2), 교회 재정을 맡아 봉사한다. 집사의 자격은 디모데전서 3:8-15에 규정되어 있다.

3) 직원의 소명

사도와 같은 비상 직원의 경우는 특별히 그리스도 예수께서 직접 비상한 방식으로 부르셨다. 그래서 바울은 말하기를, "사람들에게서 난 것도 아니요 사람으로 말미암은 것도 아니요 오직 예수 그리스도와 및 죽은 자 가운데서 그리스도를 살리신 하나님 아버지로 말미암아 사도 된 바울"(갈1:1)이라 하였다.

통상 직원의 경우도 하나님의 섭리와 은혜로 하나님의 나라와 복음 사역을 위하여 부르심을 받는다. "이 존귀는 아무나 스스로 취하지 못하고 오직 ⋯ 하나님의 부르심을 입은 자라야 할 것이니라"
(히5:4). 그래서 부르심을 입은 자 안에 하나님의 영광과 그의 나라 및
그리스도의 복음 사역을 향한 헌신의 열정이 있어야 하고, 그 직분
에 합당한 성령의 은사가 자기에게 있음을 확신해야 하며, 하나님의
인도하심에 대한 경험이 있어야 하는 것이다. 즉 개인적으로 기도하
고 말씀을 묵상하는 가운데 하나님의 특별한 은혜와 섭리를 강하게
느끼고 하나님의 섭리적 인도하심을 경험해야 한다. 특별히, 하나님
의 나라와 영광을 위하는 열정과 목적 의식이 분명해야 한다.

이같이 내적으로 강한 부르심을 경험한 자가 교회에 의해서 세움
을 받아야 한다. 교회가 기도하고 하나님의 인도하심 가운데 직분자
를 선택하여 세운다(행6:2; 14:23). 즉, 교회의 지체된 교인들의 찬동과
승인을 얻어 선택을 받아야 교회 직원으로 합법적인 부르심을 받게
되는 것이다. 그러므로, 하나님의 소명을 받은 자는 교회의 교인들
을 통해서 하나님의 은혜와 섭리 및 뜻을 확인하고 따라야 한다.

이 같은 소명을 받아 교회의 선택을 받은 자는 교회에 의해서 공
적인 시험을 통해 확증을 받고 교회 앞에서 안수기도 함으로 엄숙
한 예식을 갖추어 취임한다(참고, 딤전4:14).

6. 교회 회의

1) 당회, 노회, 총회

교회가 하나님의 나라와 그의 뜻이 이 땅 위에서 이루어지고 그

의 영광이 널리 선포되게 하려면 질서 있게 신앙생활을 하여야 하는 바, 이를 위해서는 서로 의논하여 하나님의 구체적인 뜻을 헤아리는 회의가 필요하다. 따라서, 회의는 하나님의 나라와 그의 뜻이 구체적으로 교회를 통해 이 땅위에 이루어지게 하는데 목적이 있다. 결코 사람의 뜻을 이루는 것이 아니다. 이 같은 까닭에, 모든 교회의 회의는 항상 하나님의 말씀인 성경의 가르침에 기초하고 순종한다. 하나님의 말씀의 가르침에 어긋나는 회의의 결의는 원칙적으로 무효이다.

이 교회의 회의에는 개 지역교회 단위의 당회와, 일정 지역의 교회들로 구성된 노회와, 그 노회들이 모이는 총회가 있다.

지역교회를 다스리는 당회는 일반적으로 일인의 목사와 소수의 장로들로 구성된다. 이 당회는 교인들의 영적 관리를 책임지고, 예배 행위를 주관하며, 교회 내의 각 기관들을 관리 감독하고, 교회 건물의 사용에 대하여 권리를 갖는다.

노회는 해당 지역 교회의 목사 회원들과 대표로 파송된 장로 회원들로 구성하여, 당회들로부터 제출된 고소나 문의를 접수하여 처리하고, 목사 장로 후보들을 시취하며, 목사들을 장립, 위임, 해임, 또는 심사 판단하고, 당회록을 검사하여 지교회를 감독한다. 이로써 교회의 영적 안녕과 질서를 유지하고, 교회의 순결과 건전한 부흥을 도모하여 하나님의 나라를 선포한다.

총회는 교회의 최고의 치리회다. 한 교파의 모든 지교회들을 대표한다. 이 총회는 노회에서 파송한 목사와 장로들로 구성된다. 이 총회에서는 고소를 접수하여 최종적으로 판단하며, 교회 헌법에 대한 문의를 해답하고, 이단을 처리하며, 교리와 신학을 성경대로 바르게 가르치며, 하나님 나라를 위한 교회의 방향과 정책을 의논한다. 이 총회는 교회 헌법을 제정하고, 신앙고백을 채택하며, 목사 양성 기관인 신학대학원을 설립 운영하거나 인준한다.

2) 개교회의 회의

개 지역교회의 중추적 회의는 당회이다. 당회는 목사와 장로들로 구성되어 교회의 권징, 예배, 재산관리, 교인들의 영적 관리, 각 기관 감독하는 일을 한다. 그리고 제직회가 있다. 이 제직회는 목사, 장로, 집사들로 구성된다. 제직회는 주로 재정 수납관계, 구제, 및 봉사하는 일을 책임진다. 교회의 최고 의결기구는 공동의회다. 이 공동의회는 모든 교회 회원들로 구성된다. 즉 , 목사를 제외하고(목사는 회의 진행만을 맡으며 의결권이나 투표권이 없다) 장로, 집사 및 세례 받고 입교한 모든 교인들이 회원이다. 이 공동의회에서는 예산 결산을 결의하고, 목사 청빙을 위한 투표와, 장로 집사를 세우는 투표를 하며, 교단 가입 또는 탈퇴를 결의한다.

이 회의들은 모든 일을 하나님의 영광과 그의 나라와 그의 뜻을 이루는데 목적이 있으므로, 항상 하나님의 말씀인 성경이 가르치는 바 하나님의 계시와 뜻에 근거하여 의논하고 결의해야 한다. 성경에 위배되는 결의는 원칙적으로 무효이다. 성경은 교회의 헌법 위에 있는 최고의 헌법이다.

4장

성령 세례와 충만 : 은사와 열매

교회가 교회로 세워지고, 건강하게 성장하려면 특별한 성령의 역사가 필요하다. 오순절 성령강림 사건을 통해서 나타난 바 성령 세례를 통하여 예수 그리스도의 교회가 세워진다. 그리고 예루살렘 교회 등 사도행전의 초대교회들이 경험한 성령충만을 통하여 교회는 성령의 은사가 주어지고 열매를 맺어 건전하게 성장한다.

사도행전과 바울 서신들에 보면, 성령의 역사에는 성령세례와 성령의 역동적 충만과 상태적 충만이 구별되어 있다. 성령세례는 교회설립과 관련되어 있고, 성령의 역동적 충만은 복음의 능력적 선포와 표적과, 그리고 성령의 상태적 충만은 성령의 열매 맺는 것과 관련되어 있다. 이 성령의 역사는 성령 자신의 주권에 의하여 행하여지는 것이지만, 그리스도의 사람들이 간절하게 사모하는 일과 죄를 멀리하는 일 등을 통해서 되어지는 것이다.

1. 성령과 교회

교회는 본질상 하나님의 가족이요, 그리스도의 몸이요, 성령의 전이다. 다시 말해서, 하나님이 주인이시기에 하나님의 가족이요 집이며, 그리스도가 머리이시기에 그리스도의 몸이요, 성령이 거하고 계시기에 성령의 전이다.

이 같은 교회의 본질에 대하여 삼위일체 하나님의 상호 관계에서 살펴보면, 성부 하나님이 창세전에 그리스도 안에서 택하여 부르시고(엡1:4) 성자 예수 그리스도에게 주신다(요17:2,6,9). 이렇게 성부가 주신 자들을 성자가 자기의 피로 값 주고 사서 성전을 삼으신다(행 20:28; 고전6:19,20). 이 성전 안에 성령이 거하시기에(고전3:16,17) 교회는 하나님의 성전이자 성령의 전이다.

그런데, 고린도 전서 3:16과 6:19,20을 유의해서 보면, 이처럼 교회가 하나님의 성전이자 성령의 전인 것은 우리가 하나님 아버지로부터 받은 성령이 우리 안에 거하고 계시기 때문이다. 성령을 성부로부터 우리가 받았기에 교회가 하나님의 성전이요, 성령의 전인 것이다.

이에 대하여, 사도행전 2:33에 보면, 부활 승천하신 그리스도 예수께서 성부 하나님이 약속하신 성령을 받아서 하나님의 택하신 백성들 위에 부어주셨다. 이로써 교회가 드디어 교회로 세워졌고, 하나님의 성전이 세워진 것이다.

예수 그리스도께서는 그의 사역 중에 자기가 죽고 부활 승천하시면 다른 보혜사 곧 진리의 성령을 보내시어 자기의 제자들 곧 하나님의 백성들 가운데 함께 있게 하시겠다고 약속하셨고(요14:16,17), 제자들에게 아버지가 약속한 그 성령을 기다리며 기도하는 중에 받으라고 부탁하셨다(눅24:49). 그가 약속한대로 그의 제자들 곧 하나님의 택한 백성들에게 보내어 그들 위에 부어주심으로 그들이 성령을 받았으며, 그것이 바로 성령세례이다(참고. 행1:5). 이렇게 하나님의 택한 백성들이 성령으로 세례를 받아 충만하게 됨으로써 하나님의 성전인 교회가 교회로 세워졌다(행2:1-4). 그래서 오순절 성령강림이 그리스도의 몸이요, 성령의 전인 교회가 설립된 날인 것이다.

그리스도께서는 성령으로 하나님의 백성들에게 세례를 베풀어 교회를 세우시고, 그 교회가 건강하게 성장하도록 계속적으로 성령을 부으셔서 충만하게 하셨다. 즉 성령세례를 받음으로 즉시 충만해졌고(행2:4), 베드로는 계속적으로 성령으로 충만하여 담대하게 하나님의 말씀을 전했다(행4:8, 31). 베드로 뿐만 아니라 스데반과 빌립과 같은 집사들도 성령으로 충만하였다(행6:3). 바울도 역시 성령으로 충만했다(행9:17-20). 이로써, 하나님의 말씀이 힘있게 증거되고, 많은 표적과 기적의 능력들이 나타났다(행14:3; 19:11-12). 그리고 교회가 건강하게 성장했다(행2:41; 6:7; 9:31).

이로 보건대, 교회가 교회로 세워진 것은 성령의 세례로 말미암고, 교회가 교회로 건강하게 성장하는 것은 성령의 충만으로 말미암는 것이다.

2. 성령세례와 교회 설립

성령세례에 대하여, 많은 신학자들이 중생과 사실상 동일시하고 있다. 물세례가 죄를 씻어 깨끗케 하는 정화의 의미를 가지고 있는 것처럼, 성령세례도 죄를 제거하여 정화하는 사역으로 보기 때문인데, 디도서 3:5, "중생의 씻음과 성령의 새롭게 하심"이라는 구절을 주요한 근거로 삼고 있다.

이들의 견해에 의하면, 물세례가 성령세례를 상징하고 그리스도와의 관계에 들어가는 최초의 의식적(意識的) 경험인 것처럼, 물세례에 의해 상징되는 성령세례도 성도들이 최초로 경험하는 구원의 은혜인 것이다. 그래서 이들은 오순절 성령 강림 때의 성령세례를 예외로 간주한다. 즉 오순절에 예수의 제자들이 경험한 성령세례는 최초의 구원의 은혜 체험이 아니고, 이미 받은 은혜에 더하여진 것으로 해석한다.

한편, 이들은 고린도 전서 12:13, "다 한 성령으로 세례를 받아 한 몸이 되었고 또 다 한 성령을 마시게 하셨다"는 말씀에 근거하여, 성도들이 그리스도의 몸의 지체로서 연합되는 수단으로 성령세례를 이해한다. 그래서, 그리스도의 몸이 성령의 세례로 말미암아 세워진다고 보는 것이다(참고, 엡4:3,4).

결국, 성령세례와 중생을 동일시하는 이 신학자들의 경우, 성령세례는 구원의 은혜 사역이면서 또한 교회를 세우는 성령의 사역인 것이다. 그런 까닭에, 성령세례로 오순절에 교회가 세워졌다고 하는가 하면, 예수 그리스도 안에서 한 몸을 이루게 되었다고 하고, 또 예수를 믿을 때 성령세례를 받아 성령님이 우리 안에 내주하기 시작했다고 해석한다.

이로 보건대, 성령세례에 대한 이들의 견해는 사도행전을 원자료로 삼지 않고, 세례를 정화 사역으로 규정하고 거기에 맞추어 성경을 해석한 까닭에, 사도행전의 최초의 성령세례 사건을 예외적인 것으로 간주하는가 하면, 성령세례를 중생과 함께 최초의 구원의 은혜 사역으로 보면서도 믿음의 결과로 얻는 은혜 체험으로 보는 등 해석상 일관성이 없다. 다시 말해서, 성령세례를 구원론적으로 해석하기도 하고 교회론적으로 해석하기도 하며, 중생과 동시적인 것으로 보는가 하면 믿음의 결과로 경험되는 은혜 사역으로 보기도 하는 것이다(참고, 박형룡『교의신학』(구원론) 제 5권, pp.51-54; 정성욱『스피드 조직신학』pp. 131, 134, 152, 157).

그러나, 사도행전의 성령세례를 하나님의 구원의 역사(redemptive history) 측면에서 보면, 그리스도께서 십자가에 죽으시고 부활 승천하신 후에 그가 성부 하나님이 약속한 성령을 받아서 하나님의 백성들에게 부어주셨고(행2:33) 그래서 성령으로 그들이 세례를 받았으며(참고, 행1:5; 2:1-4) 그 결과로 하나님의 성전 곧 교회가 세워졌다(고전6:19). 이렇게 교회가 성령의 전으로 세워지고 성령께서 그 안에 내주하실 수 있게 된 것은 성령을 보내신 그리스도가 먼저 자기의 피로 값 주고 사시고(행20:28; 고전6:20) 깨끗케 하셨기 때문이다. 또한 그가 피 흘리신 십자가로 하나님과 죄인들이 화목되게 하셨을 뿐 아니라(롬5:10,11), 유대인들과 이방인들 간의 막힌 담을 헐어 그들이 한 몸 되어 하나님께로 나아올 수 있게 화목시켰기 때문이다(엡2:13-18). 이로 말미암아 하나님의 택한 백성들이 다같이 하나님의 가족이 되고 성전이 되고(엡2:20-21), 그리스도의 몸이 된 것이다(엡1:23).

한편, 물세례의 경우도 성령의 정화시키는 사역을 뜻하기도 하지만, 바울의 용법에 의하면 모세와 이스라엘 백성이 애굽에서 나와 홍해를 건너던 때 바다의 물 가운데로 지난 사건과 연결지었는 바, 이것은 이스라엘이 모세와 연합하여 물로 세례를 받아 광야교회가 된 것을 의미했다(고전10:1-2). 이스라엘이 교회로 세워진 까닭에 광야에서 신령한 식물과 음료를 그리스도를 통해서 마셨던 것이다(고전10:3-4). 물론 이스라엘 백성들은 홍해 사건에 앞서 유월절에 어린양의 피로 값 주고 산 바 되었고, 그래서 애굽 곧 악한 세력에서 해방되었던 것이다. 이로 보건대, 바울이 말하는 물세례도 구속사적으로 그리스도의 몸으로서의 교회를 세우는 성령의 사역을 상징한다.

이 같은 사실은 바울이 로마서에서 세례가 그리스도의 죽으심 및 부활을 통하여 그와 연합하여 그가 성취하신 속죄의 은혜를 누리는 것을 가리켜 사용한 데서도 찾아 볼 수 있다(롬6:3-5). 즉, 세례는 그리스도와 연합하여 그의 몸을 이루는 예식이다. 그래서, 오늘날 교회에서 행하는 세례 의식도 교회 회원으로 입교하는 하나의 행사인 것이다. 이에 비추어서 보면, 고린도 전서 12:13, "다 한 성령으로 세례를 받아 한 몸이 되었고 또 다 한 성령을 마시게 하셨느니라"는 말씀은 성령세례로 그리스도의 몸인 교회가 세워지고, 교회가 계속적으로 성령의 은혜를 누리며 성령으로 충만해지는 것을 의미한다.

요약하자면, 한 성령의 한 세례로 유대인이나 이방인 모두 하나가 되어 그리스도의 한 몸을 이루었다. 즉 하나의 거룩한 교회가 성령세례로 세워진 것이다. 그래서 우리는 '하나의 거룩한 보편적 교회'(a holy catholic church)만을 믿는 것이다.

3. 성령충만과 교회성장

성령과 관련해서 예수님의 경우를 보면, 그는 성령으로 잉태되셨고(눅1:35), 성장 과정에서 하나님의 지혜와 은혜가 그 위에 있었다(눅2:40). 그런데, 세례 요한의 경우 그가 모태로부터 성령의 충만함을 입었고(눅1:15) 그의 어머니 엘리사벳도 성령으로 충만했으며(눅1:41) 그의 아버지 사가랴 역시 성령 충만하고(눅1:67), 아기 예수의 탄생을 기뻐하던 시므온도 성령으로 충만하였던 것(눅2:25-27)으로 미루어 보아,

성령으로 잉태된 예수와 그의 어머니 마리아도 성령으로 충만하였을 것이 분명하다.

그러나, 그가 요한에게 물세례를 받으시던 때 성령이 그 위에 임하셨다(눅3:21-22). 성령으로 세례를 받으신 것이다. 이로써 그는 교회의 머리가 되셨다. 그리고 그는 그의 공생애를 시작하심에 있어서 성령의 충만함을 입고 성령에게 이끌리어 광야에서 40일간 금식기도 하시던 중 마귀의 시험을 받았으며, 그 시험을 이기자 천사들이 나아와 그를 수종들 뿐 아니라(마4:11) 하나님께서 성령을 기름 붓듯하시고 능력으로 충만케 하셨다(참고, 행10:38). 그래서 그는 성령의 권능으로 복음을 전파하기 시작하셨던 것이다(눅4:14). 이사야서도 이를 이미 예언한 바 있었다(눅4:17-19; 사61:1-2). 즉, 이사야의 예언대로 예수는 성령의 충만과 권능으로 복음과 하나님의 나라를 선포하셨던 것이다.

이로 보건대, 예수의 생애와 사역은 성령으로 시작하여 항상 성령으로 되어졌다. 즉, 성령의 세례와 충만과 권능으로 되어진 것이다.

이와 관련하여, 그의 몸된 교회의 경우도 보면, 성령세례로 교회가 세워졌고, 성령의 충만과 권능으로 하나님의 나라를 선포하고 복음을 전했다. 이렇듯, 누가는 그의 복음서와 사도행전에서 예수님의 생애 뿐 아니라 교회의 설립과 활동에 대하여서도 성령의 세례, 충만, 그리고 권능으로 되어졌음을 말하고 있다.

교회의 건강한 성장 및 하나님 나라의 선포와 관련하여 성령의 역사를 사도행전에서 살펴보면, 예수께서 성령으로 충만한 상태에 계신 것처럼(눅4:1), 오순절에 하나님의 백성된 예수의 제자들에게 성령이 임하여 충만하였고(행2:2), 예루살렘 교회의 일곱 집사들이 성령과 지혜로 충만했고(행6:3,5,8), 특히 스데반 집사는 순교하던 때 더욱 성령으로 충만하였으며(행7:55) 바나바도 성령과 믿음으로 충만했다(행11:24). 그리고 바울과 바나바의 전도를 받은 어떤 제자들의 경우 기쁨과 성령이 지속적으로 충만했다(행13:52). 그런데, 이 경우들은 성령의 충만에 대하여 헬라어 '플레로오'가 사용되었는 바, 이 동사는 에베소서 5:18 '성령으로 충만하라'의 경우와 같으며, 성령의 상태적 충만을 가리킨다. 이 같은 성령의 상태적 충만은 도덕적 성품적인 열매를 맺는다(참고, 갈5:22-23). 즉, 성령으로 충만하여 성령의 인도와 지배와 감동을 받아 빛의 열매를 맺어 이방 사람들 앞에 빛을 비추는 것이다(참고, 엡5:8-9; 마5:16).

이에 비하여, 예수께서 성령과 능력으로 기름 붓듯하여 복음과 하나님의 나라를 전하신 것처럼(참고, 눅4:14; 행10:38), 오순절에 예수님의 제자들도 성령으로 충만하였고(행2:4), 베드로도(행4:8,31), 바울도(행9:17; 13:9) 그러했다. 그런데, 이 경우들은 헬라어 '핌플레미'(또는 '플레도')가 사용되었다. 그리고 이 충만은 항상 복음과 하나님의 나라를 전파하는 능력적 사역과 관련되어 있다. 그래서 사도행전 1:8, '성령이 임하시면 권능을 받고…내 증인이 되리라'는 말씀을 연상케 한다. 그래서 이 충만은 복음을 권세 있게 증거케 하는 역동적 충만이며, 성령의 은사들과 관련이 있다.

요약하자면, 그리스도께서는 자기의 피로 값 주고 사신 교회 위에 성령으로 세례를 베풀어 그의 몸된 교회로 세우시고, 그 교회를 성령으로 충만케 하시되 상태적으로 그리고 지속적으로 충만케 하여 성품적 도덕적 열매를 맺게 하시는가 하면, 성령으로 충만케 하시되 역동적으로 권능을 주어 복음을 힘있게 증거케 하고 기사와 표적을 행함으로 하나님의 나라를 선포케 하였다. 그리하여 교회가 건강하게 성장케 하고, 하나님의 나라가 이 땅에 임하게 하였다(참고, 행28:30,31).

성령의 충만에는 '플레로오'로 표현되는 상태적 충만과 '핌플레미'(또는, '플레도')로 표현되는 역동적 충만이 있는 바, 상태적 충만의 경우는 스데반과 바나바의 경우에서 볼 수 있듯이, 성령과 함께 은혜와 지혜와 믿음이 충만하고(행6:3, 5,8; 11:24) 하나님 보좌 우편에 계시는 그리스도를 봄으로 기쁨이 충만했다(행7:55; 참고, 13:52). 이 상태적 충만은 성령의 지속적인 사역으로 말미암아 그리스도의 사람들로 하여금 성령을 따라 행하며 살게 함으로 성령의 열매 곧 빛의 열매를 맺게 한다(참고, 갈5:22-23; 엡5:8-9). 이로써, 교회 안에 하나님의 나라 곧 의와 희락과 평강이 있게 된다(롬14:17). 그리고 서로 용서하고 긍휼히 여기는 은혜로운 섬김도 있게 되는 것이다(참고, 눅17:3-4,11-19).

그리고, 역동적 충만의 경우는 그리스도의 사람들이 권능을 받아 우선 복음을 담대하게 전하게 되어 하나님의 나라를 선포하며(예, 2:4, 방언으로 그리스도를 증거; 4:8, 예수 그리스도만이 구원이심을 증거; 4:31, 담대히 말씀 증거; 13:10, 권세 있게 책망), 더불어서 중풍병자와 앉은뱅이를 고치고(행8:7) 표적과 희한한 능력을 행하였다(행8:13; 14:3; 19:11-12). 이는 예수께서 성령과 권능으로 충만하여 많은 능력을 행하시고 하나님의 나라를 선포하신 것(행10:38)을 이어 받은 것에 해당한다.

성령의 역동적 충만은 그리스도의 지체들에게 믿음의 분량대로 은사를 주어 서로 사랑으로 섬기며 덕을 세우게 한다. 세상의 가난한 자들을 생각하며 구제할 수 있도록 한다(행2:43-47; 롬12:10-13; 벧전4:10).

이 같은 성령의 충만함으로 말미암아 성령의 열매가 풍성하게 맺히고 은사를 활발하게 사용함으로 하나님의 교회가 건실하게 부흥했다(행2:41; 6:7; 9:31; 28:30,31).

4. 성령의 은사

성령의 은사로는 예언, 섬기는 일, 가르치는 일, 권위(위로)하는 일, 구제하는 일, 다스리는 일, 긍휼을 베푸는 일(롬12:6-8), 지혜의 말씀, 병 고치는 일, 능력 행함, 영 분별, 방언, 방언 통역(고전12:8-11) 등이 있다. 이 은사들은 모두 초자연적이거나 이적적인 것들만은 아니다. 능력적인 것들(병 고침, 능력 행함 등)이 있는가 하면, 도덕적인 것들(섬김, 구제, 긍휼을 베푸는 일 등)이 있고, 기능적인 것들(가르치는 일, 영 분별, 지혜의 말씀, 다스리는 일)이 있는가 하면, 언어적인 것들(방언, 방언 통역, 권위하는 일 등)도 있다.

여기서 문제되는 것들은 능력적인 은사와 방언의 은사 등이 오늘날도 교회 안에 계속적으로 주어지고 있는가 하는 것이다. 은사 중지론자들은 이 같은 초자연적이고 이적적인 은사들은 일반적으로 사도 시대 내지는 속사도 시대에 끝난 것으로 간주한다. 그 근거로 성경 계시가 사도 시대에 완성되었고, 그리스도께서 속죄 사역을 이미 성취하셨기 때문이라고 한다. 그러나, 하나님은 지금도 살아서 일하시고, 하나님의 계시는 항상 살아있고 역동적으로 권세를 발하며,

사단 마귀의 악한 세력은 여전히 교회를 위협하고 복음 전도를 방해하며 많은 사람들의 마음을 완고하고 강퍅하게 만들어 놓고 있으므로, 하나님의 성령의 은사는 예전보다 더 강력한 것들이 요구되고 있다. 따라서, 성령의 은사들은 오늘날도 교회 안에서 계속적으로 주어져야 마땅하다.

5. 성령의 열매

성령의 은사가 활동적인 성격을 가지고 있는데 비하여, 성령의 열매는 성도들의 성품과 관련하여 윤리적 성격이 있다. 성령의 열매로는 사랑, 희락, 화평, 오래 참음, 자비, 양선, 충성, 온유, 절제(갈5:22-23) 등이 있다. 여기서 유의할 것은, '열매' 라는 단어가 단수형이기 때문에 성령의 열매는 사실상 하나라고 보아서는 곤란하다. 이 성령의 열매는 육체의 일과 대조되는 바, 여기에 사용된 '일' 이라는 단어가 복수형이다. 따라서 육체의 '일' 과 대칭 관계에 있는 성령의 '열매' 도 집합명사로 사실상 복수의 개념을 함축하고 있는 것이다. 그러므로 성령의 열매는 단순히 하나가 아니고, 한 계통에 속하지만 그 안에 다양성이 있다. 하나가 다른 것들을 대표하는 것이 결코 아니다.

성령의 열매 가운데 사랑, 희락, 화평은 하나님께서 맺도록 해주셔야 맺을 수 있는 기본적인 덕목이고, 오래 참음, 자비, 양선은 그리스도인이 이웃 사람을 향하여 지녀야 할 덕목이며, 충성, 온유, 절제는 자기 자신이 훈련해야 하는 덕목이다. 이는 마치 디도서 2:12, "이 세상 정욕을 다 버리고 근신함과 의로움과 경건함으로 이 세상을 살고"에서 '의로움'이 이웃에 대한 덕목이고, '근신함'은 자기 자신이 스스로 훈련해야 하는 덕목이며, '경건함'이 하나님께서 허락하시는 덕목인 것과도 같다.

이 같은 성령의 열매가 풍성하게 맺히면 성도들이 각각 자기를 부인하고 자기 십자가를 지고서 예수 그리스도를 신실하게 순종하며, 이웃을 사랑하고, 하나님을 온전하게 예배함으로 교회가 하나님의 의와 희락과 평강으로 넘쳐나게 된다. 즉, 하나님의 나라가 교회 안에서 이루어지는 것이다. 성도들마다 하나님의 영광을 보며 즐거워하고 찬송할 것이다.

6. 성령충만과 기도

누가복음서에 보면, 예수께서 기도를 가르쳐 주시고(눅11:1-4), 기도하되 강청할 것을 비유로 말씀하시는가 하면(눅11:5-8), 곧 이어서 "구하라, 찾으라, 그리고 문을 두드리라" 하셨다(눅11:9-10). 이렇게 간절하게 기도를 해야 하는 이유는 기도로 구하는 자에게 하나님 아버지께서 성령을 주시기 때문이다(눅11:13). 이렇게 성령을 받아야 귀신을 쫓아내고 하나님의 나라가 우리 가운데 임하는 것이다(눅11:20).

그리고, 예수님께서는 부활 승천하시면 성령을 보내 주시겠다고 약속하시고(요14:16), 이 약속한 성령을 받으려면 기도하며 기다리라

하셨다(눅24:49; 행1:4). 사도행전에도 보면, 예수 그리스도의 사람들이 사도들의 가르침을 받고 기도하기를 힘쓸 때 성령 충만했다(행2:42; 4:31). 사마리아 교회의 경우 베드로와 요한이 기도할 때 하나님의 말씀을 받은 사람들 가운데 성령이 충만하게 임했다(행8:14-17). 고넬료의 가정이나(행10:43-44) 에베소 교회의 경우도 마찬가지였다(행19:4-6). 이로 보건대, 성령 충만을 받으려면 하나님의 말씀을 청종하는 일과 기도하는 일을 힘써야 하는 것이다.

그러면, 성령의 은사를 받으려면 어떻게 해야 하는가? 원칙적으로 성령의 은사는 성령께서 자기의 기쁘신 뜻대로 각 사람에게 믿음의 분량에 따라 나누어주시는 대로 받을 뿐이며(고전12:11), 예수를 그리스도로 고백하는 자들에게만 성령이 역사 하신다(고전12:3). 그렇지만, 사람 편에서 보면, 성령의 은사를 받기 위해 열심히 간구하고(눅11:9-11), 간절하게 기도하며 기다리고(행1:4-5; 2:1-4), 죄를 회개하며(행2:37-39), 순종하고(행5:32), 위하여 안수 기도하고(행8:14-17), 하나님의 말씀을 온전히 받는(행10:44-46) 등 최선을 다해야 한다.

또, 성령의 열매를 맺는 일에 있어서도, 포도나무 비유에서 알 수 있듯이 믿음으로 예수 그리스도와 신비한 연합을 이루어 "내가 예수 안에, 예수가 내 안에 있어야 한다"(요15:4-5). 그리고, 육체와 함께 정욕을 십자가에 못 박고 성령을 좇아 행해야 한다(갈5:24-25). 날마다 자기를 부인하고(빌2:3), 더욱 힘써 절제와 인내와 형제 우애와 사랑을 실천해야 한다(벧후1:5,10). 그리고, 주를 깨끗한 마음으로 부르는 자들과 함께 의와 믿음과 화평을 좇으면 훨씬 더 효과적으로 성령의 열매를 맺는다(딤후2:22).

7. 성령의 소멸

성령의 충만은 소멸 될 수 있는가? 사도 바울이 "하나님의 성령을 근심하게 하지 말라"(엡4:30)고 하는가 하면, "성령을 소멸치 말라"(살전5:19)고 권면하고, 한편으로 "오직 성령의 충만을 받으라"(엡5:18)고 명한 것으로 보아, 죄를 범하거나 영적으로 게으름을 부리며, 적극적으로 하나님의 뜻을 헤아려 헌신하거나 순종하지 아니하고, 하나님의 성령을 대적하는 경우 성령을 근심케 함으로 인하여 성령이 소멸되거나 크게 약화될 수 있다. 그러므로 성령을 좇아 행하기를 힘쓰고(갈5:16,25), 범사에 하나님께 감사하며(엡5:20) 항상 선을 좇아 행하고 악은 어떠한 모양이라도 버려야 한다(살전5:15,22).

성령의 은사는 취소될 수 있는가? 죄와 게으름, 하나님께 대한 헌신과 열심이 부족하거나 회개와 순종의 삶에 충실하지 아니하면 성령이 현저하게 소멸될 수 있으며, 결과적으로 성령의 은사에도 문제가 생길 수 있다. 또한 성령의 은사를 하나님의 영광과 그의 나라 및 교회를 위하여 적극적으로 활용하지 아니하면 사실상 취소되는 수가 있다.

성령의 열매의 경우도 죄로 인하여 그리스도와 멀어져 있으면 그리스도로부터 생명과 능력과 은혜를 제대로 공급받지 못하기 때문에 열매가 부실해질 수가 있다. 예수님이 말씀하신 과원지기 비유(눅13:6-9)를 보면, 과일나무 주위를 두루 파고 거름을 주어야 과일이 열고, 포도나무 비유(요 15:1-6)에서처럼 포도나무이신 예수님에게 붙어 있어야 한다. 육체의 소욕을 따라 행하여 성령을 거스리면(갈 5:17) 성령의 열매가 현저하게 부실해지는 것이다.

8. 성령충만의 지속

성령 충만을 지속적으로 누리는 것과 관련하여 바울은 다음과 같은 것들을 요구했다. 첫째, 시와 찬미와 신령한 노래들로 서로 화답해야 한다(엡5:19 상). 즉, 교회에서 성도들과 함께 하나님을 찬미하고 예배하기를 즐거워해야 하는 것이다. 물론, 말씀을 묵상하고 기도하기를 쉬지 않고, 죄를 회개하는 가운데 찬미의 예배를 드려야 한다.

둘째, 마음으로 주께 노래하며 찬송한다(엡5:19 하). 그리스도의 사람은 환란 중에서도 주의 영광을 보며 즐거워해야 한다. 항상 마음속에 찬송이 있으므로 생수의 강이 흘러 넘치며 기쁨이 있어야한다.

셋째, 범사에 항상 아버지 하나님께 감사를 드린다(엡5:20). 하나님의 뜻에 순복하여 범사에 항상 하나님의 은혜와 도우심에 감사를 드려야 한다.

넷째, 그리스도를 경외함으로 피차 복종한다(엡5:21). 서로 힘써 열심히 사랑하고, 그리스도를 경외하는 가운데 먼저 존경하고 접대하여 높여줌으로 피차 복종해야 한다.

이 같은 바울의 요구대로 성실하게 행하면, 성령으로 계속적으로 충만하고, 성령의 은사도 더욱 더 계발되며 성령의 열매 또한 풍성하게 맺힌다.

5장

성경적 종말과 하나님 나라

한국의 보수적인 교회들은 일반적으로 내세 지향적 종말론에 치우쳐 있다. 종말의 개념에 있어서 말세와 내세에 대한 분명한 구별이 없다. 말세를 내세로 오해하는 경우가 많다. 그리고 종말과 하나님의 나라를 관련지어 생각하는 데 있어서도 많이 부족하다.

성경의 종말에는 그리스도 예수님의 탄생으로부터 시작된 말세와, 그분의 재림으로부터 시작되는 내세가 있다. 그리고 말세에는 하나님의 나라가 그리스도의 사역으로 말미암아 벌써(already) 시작되었고, 내세에는 그리스도의 재림으로 말미암아 신천신지가 열리는 것이다. 하나님의 시작된 나라는 죄 용서의 은혜가 특징적으로 나타나 있고, 미래의 나라는 심판의 권능이 나타나 있다.

이 종말에는 하나님의 여러 비밀들이 계시된 것이 또 다른 특징이기도 하다.

1. 종말의 정의

종말과 관련된 성경의 용어들을 보면 두 가지로 분류된다. 하나는 "이미"(already) 시작된(inaugurated) 종말이다. "때가 차매"(갈4:4; 막1:15), "세상 끝에"(at the end of the ages, 히9:26), "이 모든 날 마지막"(in these last days, 히1:2), "말세에"(in the last days, 행2:17; 딤후3:1; 약5:3), "마지막 때"(the last hour, 요일2:18). 이 표현들은 예수 그리스도께서 육신을 입고 이 땅에 태어나시어 십자가상에서 단번에 희생 제물로 드려지셨으며, 죽은 자 가운데서 부활하여 지성소에 들어가 하나님

우편에 앉으심으로 영광과 존귀 가운데서 만물을 복종케 하심으로써(참고, 히2:9; 8:1; 9:12, 26) 은혜와 구원의 새 시대를 여시고(고후6:2) 생명과 안식의 근원(마11:30; 12:8)이 된 것을 가리켜 사용되었다.

다른 하나는 "아직"(not yet) 오지 아니한 미래적 종말이다. "새 세상에"(in the new world, 마19:28), "마지막 날에"(on the last day, 요6:39; 11:24; 12:48), "내세에"(in the age to come, 눅18:29-30), "세상 끝에"(at the end of the age, 마13:39-40). 이 표현들은 예수 그리스도께서 영광과 권능 가운데 심판주로 재림하게 될 것을 가리켜 사용된 것이다.

이로 보건대, 시작된 종말은 그리스도의 초림으로 시작하여 그의 재림까지의 시대를 가리키고, 미래적 종말 곧 내세는 그리스도의 재림으로 열리는 최후의 마지막 날의 심판과 신천신지를 가리킨다. 전자는 종말 또는 말세라 일컫고, 후자는 내세로 불리운다. 이 말세와 내세에 대하여 구약의 선지자들은 양자간의 시간적 차이를 알지 못하고서 사용했으나, 신약의 예수 그리스도와 그의 사도들은 이 차이를 알고서 구별하여 사용했다.

2. 종말론적 대망

죄로 말미암아 고통 가운데서 하나님의 백성들이 고대하고 희망하는 것은 메시아와, 그를 통해서 이루어질 하나님의 나라와, 그리고 새롭게 창조될 하나님의 백성들의 공동체이다.

첫째, 메시아에 대한 대망이다. 아담과 하와가 사단의 유혹을 받아 타락하자 하나님께서는 고통 당할 그들에게 '여자의 씨'를 약속하셨다(창3:15). 이 최초의 약속이 있는 이후로, '아브라함의 씨'(창22:18), '유다의 지파'(창49:10), '모세와 같은 선지자'(신18:15), '다윗의 후손'(삼하7:12-13), '멜기세덱의 반차를 좇은 대제사장'(시110:4), '임마누엘'(사7:14), '고난의 종'(사 53장), '인자 같은 이'(단7:13-14), '여호와 우리의 의'(렘23:5-6), '한 목자'(겔 34:23), '의의 교사'(욜2:23)에 대한 하나님의 예언과 약속을 따라 메시아를 대망하였다.

둘째, 하나님의 나라에 대한 대망이다. 이스라엘 백성들은 하나님이 왕으로 통치하시는 나라를 고대하였다. 영원히 견고하게 설 하나님의 나라(단2:44-45)가 인자 같은 이를 통하여 실현될 것을 대망한 것이다(단7:13-14).

셋째, 새 언약과 이스라엘 회복에 대한 대망이다. 아브라함과(창12:1-3) 모세와(출19:5-6) 다윗과(삼하7:12-16) 하나님이 언약을 맺으셨으나 이스라엘 백성들이 거듭 파기하고 하나님을 배반하는 죄악을 범하매, 하나님은 예레미야 선지자를 통하여 영원한 새 언약을 약속하시고(렘31:31-34), 그 새 언약이 메시아를 통하여 실현될 것을 대망케 하였다(참고, 히8:8-13; 고전11:25). 하나님은 성령으로 그들을 정결케 하고 성령이 그들 안에 거하게 하여 그들의 마음을 부드럽게 하고 하나님께 잘 순종케 함으로써, 자기의 새 언약 백성이 되게 하고자 하셨다(겔37:24-28).

넷째, 주의 날과 신천신지에 대한 대망이다. 선지자 하박국이 예언한 바에 의하면 주님의 오실 날이 속히 이를 것이라 하였다(합2:3; 히10:37). 이 주의 날은 하나님이 맹렬하게 노하시어 심판하시는 날이요(사13:9-11), 또한 새 이스라엘에게 축복과 번영을 가져다 주는 날이다

(암5:18). 즉, 여호와를 경외하는 자들에게는 치유와 기쁨의 날이지만, 행악하는 자들에게는 심판이 임하는 크고 두려운 날이다(말4:2-3,5).

하나님은 이 날에 자기의 택한 백성을 위하여 새 하늘과 새 땅(신천신지)을 창조하신다(사66:22). 온 땅 위에 여호와를 아는 지식이 충만하여(사11:9) 주의 백성이 하나님과 함께 그의 영광을 보며 즐거워하게 하시는 것이다.

3. 종말의 중심 주제

종말이란 역사의 성취이자 또한 역사의 완성이다. 종말과 관련하여 하나님의 백성들이 대망한 것은 메시아와 하나님의 나라이다. 그러므로, 역사를 성취하고 완성하는 메시아와 그를 통해서 시작되고 온전하게 이루어질 하나님의 나라가 종말의 중심 주제인 것이다.

메시아와 하나님의 나라와 관련하여 구속사적으로 종말을 살펴보면, 종말의 주요 주제들은 첫째, 메시아가 오심으로 말미암아 역사가 어떻게 성취되었고, 천국이 건설되었으며, 그 시작된 천국은 어떤 것인가이다. 둘째, 메시아가 어떤 점에서 역사의 중심이시며, 그의 오심이 어떻게 역사의 분기점이 되었는가 하는 것이다. 셋째, 메시아의 재림으로 말미암아 어떻게 역사가 완성되고, 그때 있게 될 육체의 부활, 심판, 그리고 신천신지는 어떤 것인가이다. 넷째, 이 세상은 지금 어디로 어떻게 가고 있는가이다.

역사는 하나님의 여러 계획과 목적을 이루는 작업이기에, 본질적으로 구속사(redemptive history, 또는 history of salvation)이다. 하나님은 예수 그리스도를 통해서 역사를 만드시고 주관하시고 이루어 가시며 마지막 때에 완성하신다. 그래서 역사는 그 분의 이야기(His story)이다. 역사의 주재(主宰)는 하나님이시다. 하나님이 만물을 창조하시어 역사를 시작하시고, 만물을 지배하며(시103:19) 열방을 통치하시고(대상29:11-12) 모든 것을 자기의 뜻대로 행하시며 주관하신다(엡 1:11). 이 하나님의 역사의 중심에 메시아가 있다. 그를 중심으로 역사가 분깃점을 이루고, 과거의 모든 약속들이 성취되어 새 시대가 열리고 마지막 날에는 미래의 모든 것이 결정되고 완성되는 것이다.

4. 종말과 하나님 나라의 이중성

하나님이 아름답게 창조하신 이 세상에 사단 마귀로 말미암아 죄와 사망이 들어옴으로 인하여 저주와 불행이 초래되었다(롬5:12; 8:22; 창3:15-19). 그래서 하나님의 역사는 사단과의 긴장 관계에서 진전되어 왔고, 인간의 삶 또한 사단과의 원수 관계 속에서 우여곡절을 겪어 왔고 어두움의 지배 아래 있었다(엡2:1-3). 이 때문에 하나님의 역사가 참되게 성취되고, 창조세계가 자유와 생명을 누리며, 인간 또한 행복과 축복과 생명을 되찾아 누리기 위해서는 죄와 사단에 대한 승리가 있어야 하고, 어두움의 왕국 대신 하나님의 나라가 임해야 했다(요일3:8; 마4:1-11).

하나님은 예수 그리스도를 통해서 그가 십자가에 못 박혀 죽으시고 죽은 자 가운데서 부활하심으로 죄와 사단에 대하여 결정적으로(decisively) 승리하셨다(골2:15). 이로써 이 땅에 그를 통하여 하나님의 성전을 세우시고(요1:14) 그의 영광을 나타내심으로 그의 택하신 백성이 하나님을 아는 지식을 얻어(요1:18) 생명과 자유를 누리게 하셨다(요17:3). "내 말을 듣고 또 나 보내신 이를 믿는 자는 영생을 얻었고 심판에 이르지 아니하나니 사망에서 생명으로 옮겼느니라"(요5:24). "아들이 있는 자에게는 생명이 있고 하나님의 아들이 없는 자에게는 생명이 없느니라"(요일5:12).

예수의 구속 사역의 길을 미리 준비하러 나타났던 세례 요한은 회개와 심판을 강조하여 선포했다. 즉, 회개에 합당한 열매를 맺어야 구원을 얻는다는 것과, 메시아가 불의 권세를 가지고 심판함으로써 하나님의 나라가 임할 것이라고 했던 것이다.

그런데, 세례 요한은 옥에 갇혔을 때 자기의 제자들을 예수께 보내어 '오실 그이가 당신입니까'(마11:3)하고 물은 바 있다. 그는 기대하기를 자기에게 불의를 행한 헤롯과 그의 무리들을 약속된 메시아로 오신 예수께서 당장 불로 심판할 줄 알았으나, 그가 아무 일도 행하지 아니한 것처럼 보였기 때문에 의심이 생겼던 것이다.

세례 요한의 질문에 대하여, 이사야의 예언의 말씀(사35:5-6)을 예수는 인용하여 자기가 지금 하고 있는 일이 바로 메시아가 해야 할 일임을 밝히셨다. 다시 말해서, 메시아가 할 일은 앉은뱅이와 문둥이와 귀머거리와 죽은 자와 가난한 자들에게 하나님의 은혜를 베푸는 것이며, 이를 위하여 자기가 하나님께로부터 보내심을 받은 사실을 요한에게 일깨워 주었던 것이다(마11:4-6).

이로 보건대, 예수는 자신이 이 땅에 오심으로써 때가 이미 찼고, 자기의 육체로 성전을 세우심으로(요2:19-21) 하나님의 은혜의 나라가 시작된 것을 아셨으나, 세례 요한은 하나님의 권능의 불의 심판만을 알고 있었던 것이다.

예수께서 밝히신 하나님의 나라는 그가 구주로서 병들고 가난한 자들에게 은혜를 베풀어 치유하실 뿐 아니라 저희의 죄를 용서하여 구원하심으로 하나님의 자녀의 권세를 얻어 누리게 하는 은혜의 나라이다. 이에 비하여, 세례 요한이 선포한 하나님의 나라는 장차 그리스도가 심판주로 재림하시어 권능으로 심판하는 나라이다.

요약하자면, 이미 종말과 함께 시작된 하나님의 나라는 그리스도의 초림 때 그가 은혜의 죄 용서를 통해 죄와 사단을 이긴 하나님의 현재적 나라이고, 장차 종말과 함께 완성될 하나님의 나라는 그리스도의 재림 때 그가 권능의 심판을 통해 죄와 사망을 최종적으로 이기는 하나님의 미래적 나라이다.

천국의 이중성, 즉, 그리스도의 초림으로 시작된 하나님의 은혜의 나라와 그리스도의 재림으로 완성될 하나님의 권능의 나라에 대하여 성경적으로 잘 알면 신앙적으로 실제적인 의의가 있다.

첫째, 오직 하나님만이 우리를 그의 나라로 인도하실 수 있음을 믿게 된다. 하나님은 우리를 그의 나라로 옮기시고(골1:13), 불러 들이시고(살전2:12), 우리에게 그 나라를 주시며(눅12:32), 그 나라를 맡기신다(눅22:29). 우리는 하나님이 우리에게 부여해 주신 특권으로 말미암아 우리가 그의 나라에 이미 들어와 있음을 알고 믿는다(벧후1:11).

둘째, 천국의 중심이 그리스도 예수와 성령이심을 믿게 된다. 천국은 그리스도 예수의 인격과 구속 사역으로 말미암아 이루어졌고, 성령께서 예수 그리스도에게 권능을 충만하게 주어 함께 하심으로써 시작된 것이다. 인류를 타락시켜 죄에게 종노릇하게 한 사단의 권세를 예수 그리스도와 성령께서 깨뜨려 무너뜨리시고 하나님의 나라를 이루셨기에 성도들은 그리스도와 성령을 힘입어 사단 마귀에 대하여 승리하며 산다.

셋째, 하나님의 나라가 우리에게 믿음과 회개를 요구함을 안다. 성도들에게는 하나님 나라의 권세가 보장되고 또한 사단에 대한 승리가 이미 확정되어 있지만, 그의 나라에 들어가려면 성령으로 거듭나고(요 3:3,5), 회개하며(마18:3-4), 그의 나라에 우선순위를 두어야 한다(마6:33).

넷째, 하나님의 나라가 우주적 구속(universal redemption)임을 안다. 하나님의 나라는 단지 개인의 구원만을 뜻하지 않고, 신천신지에서 절정을 이루는 전우주의 완전한 구속임을 알고 믿는다(참고, 골 1:19-20). 그러므로 우리는 우리의 모든 삶을 삶에 있어서 만물의 회복을 목표로 해야 하는 것이다.

5. 종말과 하나님의 비밀들

하나님은 그리스도 안에서 계획하신 바 그의 뜻의 비밀을 때가 차매 종말에 나타내시기를 기뻐하셨다(엡1:9-10). 그러므로 그 비밀을 듣고 믿어 아는 것은 최고의 특권이요 축복이며, 삶의 기쁨인 것이다. 종말의 비밀은 다음 몇 가지이다.

첫째, 그리스도의 비밀(또는, 복음의 비밀)

예수 그리스도 자신이 하나님의 비밀이다(막1:1; 롬1:2). 이 복음인 예수 그리스도가 창세 전부터 감추어졌다가 이제 때가 차매 나타내신 바 되었으며, 이 복음이 하나님의 비밀의 계시이다(롬16:25-26). "이 비밀은 만세와 만대로부터 옴으로 감취었던 것인데 이제는 그의 성도들에게 나타났고 … 이 비밀은 너희 안에 계신 그리스도니 곧 영광의 소망이니라"(골1:26-27). "그는 창세 전부터 미리 알리신 바 된 자나 이 말세에 너희를 위하여 나타내신 바 되었으니"(벧전1:20). 그러므로, 이 예수가 마지막 때에 나타나신 바 된 복음의 비밀이다(엡6:19).

둘째, 십자가의 비밀

바울에 의하면, 이스라엘 사람들 가운데 많은 사람들이 완악하여 복음을 거부하고 그 대신 많은 이방인들이 복음을 듣고 받아들여 하나님 나라에 들어오게 된 것이 바로 하나님의 비밀이다. "나의 복음과 예수 그리스도를 전파함은 영원 전부터 감취었다가 이제는 나타내신 바 되었으며 …모든 민족으로 믿어 순종케 하려고 알게 하신 바 그 비밀의 계시를 좇아 된 것이니"(롬16:25-26).

하나님께서는 복음이신 그리스도 예수의 십자가로 말미암아 만물이 자기와 화목되게 하시기를 기뻐하셨을 뿐 아니라(골1:19-20), 유대인과 이방인 간에 있던 적대감을 없애고 둘을 하나로 묶어 하나님과 화목하게 하고 한 성령 안에서 아버지 하나님께 나아감을 얻게 하고자 하셨다(엡2:15-18). 그래서, 이 십자가가 바로 하나님의 비밀인 것이다(참고, 고전1:21-24).

셋째, 부활의 비밀

예수께서 사랑하신 마르다와 마리아도 육체의 부활을 알지 못했고(요11:25), 사두개인들 뿐 아니라(행23:8), 많은 유대인들이 부활이 없다 하였다(고전15:12). 그래서 바울은 선포했다. "보라 내가 너희에게 비밀을 말하노니 우리가 다 잠잘 것이 아니요 마지막 나팔에 순식간에 홀연히 다 변화하리라"(고전15:51). 예수가 우리의 부활의 첫 열매이시요(고전 15:20,23) 우리는 장차 신령하고 영광스러운 몸으로 부활하게 되는 것이다(고전15:43-44). 이렇듯, 그리스도의 부활과 성도들의 육체의 부활이 종말의 비밀이다.

넷째, 천국의 비밀

"천국의 비밀을 아는 것이 너희에게는 허락되었으나 저희에게는 아니되었다"(마13:11)고 예수께서 천국 비유를 가르치던 중에 말씀하신 것을 보면, 그가 말씀하시고 전파하신 천국은 사람들에게는 큰 비밀이었다. 세례 요한도 미처 알지 못했다. 예수님의 오심과 그의 복음 전파를 통하여 이미 천국이 임하여 예수 믿는 자들 가운데 있었던 것이다(눅17:21).

다섯째, 성령의 비밀

사도행전을 보면, 사마리아 교회가 빌립을 통해서 복음의 말씀을 받았으나 성령을 알지 못했었고(행8:16), 에베소 교회 같은 경우는 "성령의 있음도 듣지 못했다" 할 정도였다(행19:2). 사람들은 성령 충만한 사도들을 보고서 새 술에 취했다고 비아냥거렸다(행2:12-13). 이 약속된 성령은 오순절 교회 위에 임함으로 비로소 체험하게 된 바 종말의 비밀이었다.

6장

삼위일체 하나님의 종말론적 역할

하나님이 하시는 일은 항상 삼위일체적이다. 성부와 성자와 성령이 서로 밀접하게 관련되어 일을 하신다. 예컨대 성부 하나님은 창세전에 성자 예수 그리스도 안에서 성도들을 선택하시고 성령 하나님은 그들을 인치신다(엡 1:4, 13). 창조사역에 있어서는 성부 하나님이 말씀으로 창조하시는가 하면(창 1:1, 3; 히11:3), 예수 그리스도로 말미암아 만물이 창조되었으며(요 1:3; 골 1:16), 성령으로 또한 만물과 인간이 창조되었다(욥 26:13; 33:4; 시 104:30).

특별히 구속사역에 관해서는 삼위 하나님이 언약적 관계에 있다는 사실이 현저하게 드러나 있다. "평화의 의논"(슥 6:13)으로 불리우는 구속언약은 하나님의 영원한 작정으로서 성부 하나님은 성자 하나님에게 모든 백성에 대한 권세를 주시어 성자로 하여금 그들에게 영생을 주실 수 있게 하셨다(요 17:2). 그래서 성부 하나님은 성자에게 아담의 죄의 오염이 전혀 없는(눅 1:35) 몸을 준비해 주시고(히 10:5) 메시야의 과업을 수행할 수 있도록 필요한 은사와 은혜들을 그에게 공급해 주시며(사 42:1,2; 61:1) 그를 죽은 자 가운데서 부활시키고(시 16:8~11; 행2:25~28; 엡 1:20) 그를 높이어 선택받은 자들의 선지자, 제사장, 왕으로서 하늘에서 가장 높은 자리에 있게 하여 주며(빌2:9) 모든 족속과 나라로부터 '씨'를 모아 주시기로 언약하셨다 (사 53:10; 시 22:27).

성자 하나님은 선택받은 자들의 구주가 되시고(히 13:20) 그들의 육체를 취하며(히 2:10~15; 4:15) 율법 아래서 살고 그들 대신에 죽음으로 죄에 대한 형벌을 받으며(갈 4:4~5) 그들의 선지자, 제사장, 왕으로 섬기되 그들이 부활과 변화와 영화의 단계들을 거쳐 그의 나라에 들어갈 수 있도록(요 6:39, 40, 54) 성부 하나님께 순종하기로 언약하셨다.

성령 하나님은 동정녀 마리아의 태 안에서 성자가 우리의 육체를 취할 수 있게 해 주고(눅 1:35) 성자에게 권능을 입혀 그가 육체 가운데 있는 동안 순종하며 살 뿐 아니라 십자가의 고통을 인내할 수 있게 하며(마 3:16; 사 42:1~3) 죽은 자 가운데서 성자를 일으키고(롬 8:11) 그리스도께서 성취한 구속을 선택된 자들에게 적용하여 주며(요 14:26; 엡 1:13, 14) 마지막 날에 그들을 일으켜 그리스도의 나라로 인도하기로(롬 8:11) 언약하셨다.

이렇듯 성부와 성자와 성령 삼위 하나님 간에는 언제나 각각 구별이 있으면서도 자원적인 언약관계에 따른 질서가 있고 서로 간에 의논과 협약이 있다. 그러므로 언약적 관계 측면에서 삼위 일체 하나님의 종말론적 역할을 살피게 되면 종말의 본질을 성경적으로 깊이 있게 이해할 수 있을 뿐더러 그릇된 비성경적 종말론을 바로잡을 수가 있는 것이다.

1. 성부 하나님의 종말론적 역할

구속언약에 따라 성부 하나님은 성자 하나님에게 육신의 몸을 입혀 이 땅에 보내시고 그로 하여금 택함 받은 자들의 죄를 담당하게 하시며 사망과 사단을 물리치고 모든 육체에게 성령을 주시는가 하면 마침내 만물을 새롭게 하시는 일 등을 하심으로써 종말을 시작하실 뿐 아니라 성취하신다.

(1) 하나님이 자기의 아들을 보내셨다

인류의 시조인 아담과 하와가 사단의 미혹을 받아 자기의 판단을 내세워 하나님의 말씀의 권위를 거부하고 불순종함으로써 타락하고 범죄하였을 때(창 3:1~5) 하나님께서는 여자의 씨, 곧 여자에게서 낳은 자를 통하여 사단의 머리를 상하게 할 것을 약속한 바 있다(창 3:15). 하나님은 특별히 아브라함과 다윗의 계통을 통하여 때가 차매 여자, 곧 마리아에게서 메시아이신 예수가 태어나게 하였다(갈 4:4).

그리스도가 시간이 차매 태어나셨다고 하는 것은 역사의 위대한 중심점이 도착했다는 것을 의미하며 구약의 예언이 종말론적으로 성취된 것을 말한다(후크마,『개혁주의 종말론』p.30). 예수 그리스도가 태어남으로 말미암아 율법 아래 얽매어 있는 자들이 속량되고 하나님의 자녀의 명분과 권세를 하나님이 얻게 하셨다(갈 4:5). 즉 하나님의 자녀로서의 온전한 법적 권리를 얻게 하여 하나님의 후사로서 그리스도와 함께 장차 영광도 받게 하시는 것이다(롬 8:17).

이와 같이 성부 하나님은 때가 차매 여자의 몸에서 메시야가 육체를 입고 태어나게 함으로써 종말을 시작되게 하셨고, 율법 아래 있는 자들로 하여금 예수 그리스도를 믿음으로 하나님의 자녀의 권세를 얻어 최후의 영광을 소망할 수 있게 하시는 것이다.

(2) 하나님이 죄를 이기셨다.

때가 차매 자기의 아들을 이 땅에 사람의 육체를 입고 오게 하신 하나님은 예수 그리스도를 통하여 죄를 이기셨다. 아담은 사단의 미혹을 받아 타락하여 범죄하였고, 그로 말미암아 그의 후손인 모든 인류에게 죄와 사망이 전가되었던 것이다(롬5:12). 아담 이후로 모든 사람은 실제적으로 한결같이 죄를 범하였고, 이로써 하나님의 영광의 나라에 들어갈 수가 없었다(롬3:23).

그래서 하나님은 구약시대에 자기 백성을 저희 죄에서 구원하려고 제물을 준비해 주셨다. 날마다 번제를 드리게 하고 해마다 대제사장이 지성소에 송아지 피를 가지고 들어가 그 피를 뿌리게 하는 의식을 제정하셨으나(출 29:42; 30:10) 염소와 송아지와 같은 동물들의 제물이나 피를 가지고는 영원한 속죄를 이룰 수가 없어 날마다 해마다 제물을 반복하여 계속적으로 드려야 했다. 그러나 이제 때가 차매 하나님은 염소와 송아지의 피로 아니하고 예수 그리스도의 피로 영원한 속죄를 이루셨다(히 9:12).

하나님은 죄인된 우리를 위하여 예수를 죽음의 자리에 내어 줌으로써(롬 4:25) 그로 하여금 우리의 죄를 담당케 하셨으며(벧전 2:24) 다시는 죄를 위하여 더 이상 제사를 드릴 것이 없게 하셨다(히 10:18). 하나님은 예수의 언약의 피로 죄를 이제 단번에 이기신 것이다(히 9:20~22). 그리하여 하나님은 죄인된 우리를 자기 앞으로 인도하시어 (벧전 3:18) 하나님의 자녀의 권세를 누릴 수 있게 하시는 것이다.

하나님은 그리스도를 믿음으로 말미암는 화목제물로 세우시어 은혜로 값없이 그리스도의 피를 인하여 죄를 간과하였고(롬3:24, 25) 이로써 세상을 자기와 화목케 하셨다(고후 5:19). 때가 차매 하나님이 그리스도의 피로 영원한 속죄를 이루어 죄를 이기셨으며, 우리를 자기와 화목케 하시고 그의 앞으로 우리를 인도하시는 것이다.

(3) 하나님이 사망을 이기셨다.

죄를 이기신 하나님은 죄의 삯인 사망(롬 6:23)까지도 그리스도를 통하여 이기셨다. 사망이 더 이상 그리스도를 주관할 수 없게 그를 죽은 자 가운데서 살리셨던 것이다(롬 6:9). 죄의 삯인 사망이 첫째 아담을 통하여 온 인류에게 임하였으나(롬 5:12) 만유의 주되신 하나님이 그 사망을 마침내 멸하여(고전 15:26) 우리 모두가 그리스도 안에서 삶을 얻게 하셨다(고전15:21~22).

아담 안에서는 모든 사람이 죽음을 당하였으나 그리스도 안에서는 삶을 얻는다. 이는 하나님이 모든 원수들 가운데 마지막으로 사망을 멸망시키시므로 자기의 통치권을 온전하게 확립하시고(고전 15:24~26) 만유를 복종시켜 다스리게 되기 때문이다(고전 15:28). 다시 말해서 하나님은 때가 차매 그리스도를 이 땅에 보내시어 십자가에서 못 박혀 죽게 하시고 죽음에서 부활하게 하심으로써 만물을 새롭게 하시고(고후 5:17; 계 21:5) 새 시대, 곧 종말을 시작하신 것이다.

(4) 하나님이 사단을 이기셨다

죽음이 세상에 들어온 것은 사실상 사단의 미혹을 통해서였기 때문에(창 3:19) 하나님이 죽음을 완전히 이기기 위해서는 죽음의 권세를 잡고 있는 사단 마귀를 멸하여야 했다. 하나님께서 예수 그리스도로 하여금 육체를 입고 이 땅에 오게 하시어 십자가에서 죽음을 당하게 하신 것은 그 죽음을 통하여 사단을 없이 하고 죽음의 공포 가운데 있는 자들에게 자유를 주기 위함이었다(히 2:14, 15). 평강의 하나님이 성도들의 발아래 사단을 패배케 하신 것이다(롬 16:20).

하나님이 사단을 이기신 사실은 특별히 복음전파와 관련이 있다. 구약시대에는 이스라엘을 제외한 세상 모든 나라들이 사실상 사단의 지배 아래 놓여 있어서 사단을 전적으로 추종하는가 하면(엡 2:2) 하나님을 알지 못하고서 무지와 오류 가운데 빠져(행 17:30) 사단에게 속임을 당하고 있었다. 그러나 하나님은 예수가 이 땅에 오신 것과 때를 맞추어 사단을 결박하시었다. 하나님이 사단을 결박하고 이기셨다는 사실은 "이 세상 임금이 쫓겨나리라"(요 12:31~32)고 하신 예수의 말씀에 나타나 있다. "쫓겨나다"는 단어는 헬라어로 '에크블레데세타이'인데, 이 동사는 계시록 20:3, "그(사단)을 무저갱에 던져 잠근다"에서 사용된 '던지다'와 동일한 어근('발로')을 갖고 있는바 사단이 쫓겨난다는 말은 곧 하나님이 사단을 결박하신 것을 의미하는 것이다.

하나님이 사단을 결박하고 이김으로써 사단은 과거처럼 나라들을 속일 수 없게 되고 모든 나라들과 민족에게 복음이 전파되는 것을 결코 훼방하거나 막을 수 없게 되었으며 교회를 공격하는 데 한계가 있게 된 것이다(후크마, p.309). 그래서 예수님은 말하기를 자기가 성령을 힘입어 사단을 이기심으로써 하나님의 나라가 이미 제자들 가운데 임하였다고 하시는가 하면(마 12:28) 사단이 하늘로서 번개같이 떨어졌으며 그래서 제자들에게 사단의 모든 능력을 제어할 권세가 주어져 있어서 사단이 결코 그들을 해할 수 없다고 말씀하신 것이다(눅 10:17~19). 그래서 예수의 제자들은 힘 있게 복음을 전할 수가 있었고, 예수님은 그들에게 온 천하에 다니며 만민에게 복음을 전파하고(막 16:15) 모든 민족으로 제자를 삼아 그들을 가르쳐 지키게 하라(마 28:19, 20)고 명령하셨는가 하면 바울은 담대하게 하나님 나라를 전파하였으나 아무도 그를 금하지 아니하였다(행 28:31). 이 천국 복음이 온 세상의 모든 민족에게 전파되어 만유가 회복될 때 마지막 날이 오게 되는 것이다(마 24:14).

(5) 하나님이 천국 시민권을 주셨다

아담의 불순종을 통해서 이 세상에 들어온 죄와 죄의 삯인 사망 그리고 사망의 권세를 잡고 있는 사단을 하나님이 이김으로써 복음이 힘 있게 전파되므로 이 땅에 하나님의 나라가 이미 임하게 되었다. 하나님은 이스라엘의 왕, 아니 온 땅의 왕(시 29:10)이요, 영원한 왕권을 가지고 계시는 절대 주권자이시다 (단 2:44, 45). 그 하나님이 죄와 사망과 사단을 이기심으로써 우리를 이제 흑암의 권세에서 건져 내어 자기의 아들의 나라로 옮겨(골 1:13) 그리스도와 함께 살리어 우리를 하늘에 앉히시었다(엡 2:5~6). 즉 하나님이 천국 시민권을 우리에게 주신 것이다(참조, 빌 3:20).

이로써 죄의 굴레에 얽매여 있던 우리의 옛 사람이 그 속박상태에서 벗어나 자유로이 하나님을 찬양하는 새 사람이 되었다. 즉 그리스도 안에서 새로운 피조물이 된 우리는 옛 세대를 청산하고 새 세대에 속하게 되었으며, 그래서 하나님을 즐거워하고 그와 함께 왕 노릇하게 된 것이다(참조, 벧전 2:9). 그러므로 우리는 이 악한 세대를 본받는 대신에 오직 마음을 새롭게 하여 하나님의 뜻을 분별하고 살아야 한다(롬 12:1~2).

(6) 하나님이 성령을 보내셨다

성자 하나님이 성부 하나님의 택함 받은 백성들에게 천국 시민권과 영생을 줄 수 있기 위해서는 성부가 성자에게 아담의 죄의 오염이 전혀 없는 몸을 준비해 주실 뿐만 아니라 메시야로서의 과업을 성취할 수 있도록 필요한 은사들을 공급해 주셔야 하는 것이다. 이사야 선지자를 통해서 하나님은 종말에 메시야에게 성령을 부어주실 뿐 아니라(사 61:1~2), 요엘 선지자를 통해서는 모든 사람들에게도 성령을 충만케 하시겠다고 약속하셨다(욜 2:28). 그러므로 성령의 부으심은 미래의 지평선 위에 일어날 종말론적 사건이었다.

때가 차매 하나님께서는 예수 그리스도가 성령으로 잉태되게 하셨다(마 1:18; 눅 1:35). 마태가 그의 복음서에서 맨 먼저 예수의 족보를 소개하되 의도적으로 14대씩 세 시기로 나누어 제시한 것은 하나님의 때가 온전히 찬 것을 의미하며 이 종말의 시작이 예수가 성령으로 잉태되는 사건을 통해서 가능하게 된 것을 가리킨다. 성령으로 잉태되어 탄생한 이 예수는 하나님이 예비하신 종말론적 구원인 것이다(눅 1:29~32). 이 예수가 세례를 받을 때 그리고 광야에서 시험을 받을 때 그 위에 성령이 충만하게 임하였으며(눅 3:21~22; 4:1), 그는 성령의 충만함 가운데서 그의 사역을 시작하셨는데(눅 4:14), 이것은 하나님이 이사야로 하신 예언의 말씀대로 되어진 종말론적 사건이었다. 그래서 예수님은 이사야서의 말씀(사 61:1, 2)을 읽으시고서 그 예언의 말씀이 "오늘날 너희 귀에 응하였느니라"(눅 4:21)고 말하셨던 것이다.

이렇듯 성령을 메시야에게 부어주심으로 종말론적 구원 사건을 시작하신 하나님께서는 예수 그리스도의 부활과 승천 사건 이후에 오순절날 예루살렘 교회에게 성령을 부어주셨다(행 2:1~4). 성부 하나님은 그의 약속대로 정한 때에 교회 위에 성령을 부어 주심으로써 종말론적 새 세대의 막을 올리신 것이다. 성령이 하나님의 종말론적 선물이라는 사실은 하나님께서 우리에게 성령을 부어주시어 흑암, 곧 사단의 권세에서 해방되어 그리스도의 생명의 나라로 옮겨주신 것에서 나타났다(골 1:13). 다시 말해서 하나님께서 그의 교회에게 허락하신 성령으로 말미암아 교회가 새로운 존재 양식에 참여하게 되고 내세의 능력들을 지금 맛보게 된 것이다. 즉 내세의 능력들이 성령을 통해서 오늘 교회에게 임한 것이다.

(7) 하나님이 심판하신다

성령을 종말론적 선물로 오순절날에 교회에게 주신 하나님은 교회로 하여금 그 선물을 받기 위하여 힘껏 구하고 찾으며(눅 11:9~13) 간절히 기다리라(눅 24:49)고 미리 말씀하셨고, 실제로 그는 구하는 자에게 언제나 성령을 충만하게 부어주셨다 (참조. 행 2:38; 4:31). 이 성령의 선물은 회개와 믿음의 역사와 병행하는 것이다(행 2:38).

그러기에 이제 하나님은 어디든지 사람들을 다 명하여 회개하라고 하셨는가 하면 천하를 공의로 심판하실 날을 작정하셨다(행 17:30~31). 이 심판은 사실상 하나님의 유일하신 아들의 이름을 믿지 않는 자들에게 이미 임하였다(요 3:36). 즉 우리의 죄를 위하여 죽으시고 우리의 칭의를 위하여 부활하신 예수 그리스도를 믿기를 거부한 자들에게 하나님의 심판이 임한 것이다. 그러나 역사의 종말에 최후의 심판이 있을 것을 성경은 여러 곳에서 말하고 있다(롬 2:5, 6; 마 16:27; 25장의 열 처녀 비유와 양과 염소 비유).

하나님은 그리스도가 재림하시는 그날에 최종적으로 심판하신다. 재판장이신 하나님 아버지께서는 사람을 외모로 보시지 않고 각 사람의 행위대로 판단하시어(벧전 1:17) 각 사람의 최종적 운명을 나타내시고 각 사람이 받게 될 보상과 형벌의 정도를 나타내신다. 또한 각 사람에게 하나님의 심판권을 행사하시어 자기 백성들에게는 구원의 은혜를, 자기 원수들에게는 정죄의 공의를 나타내심으로써 자기의 영광과 주권을 선포하신다. 그리고 하나님이 최종적 승리와 역사 속에서의 자기의 구속사역의 최종적 성취를 이루시는 것이다. 그 후에는 새 하늘과 새 땅이 도래하게 된다(벧후 3:13).

(8) 하나님이 만물을 새롭게 하신다

현세대의 종말에 하나님이 최종적으로 각 사람을 그 행한 대로 심판하시는데, 그날까지는 현재의 하늘과 땅이 보존될 것이나(벧후 3:7) 그 후에는, 즉 그리스도께서 재림하시는 날에는 만유가 새롭게 회복되는 것이다(행 3:21). 다시 말해서 새 하늘과 새 땅이 도래하게 되는 것이다.

하나님이 지금의 우주를 새롭게 하신다고 하는 것은 루터파들이 생각하는 것처럼 현재의 우주가 완전히 소멸되고 질적으로 전혀 다른 우주를 재창조한다는 의미가 아니다. 그것은 현재의 우주와 동질이나 영화롭게 갱신된 우주의 창조를 의미한다(후크마, pp.375~376). 다시 말해서 장차 종말에 현재의 창조 세계가 전혀 새로운 세계가 되는 것이 아니라 모든 죄악과 부패와 오염으로부터 이 우주가 자유케 될 것임을 의미한다.

하나님은 그가 최종적으로 심판하시는 날에 모든 창조 세계를 죄와 사단의 영향력으로부터 구속하여 영화롭게 갱신하시는 것이다(계 21:7). 하나님은 그 새 하늘과 새 땅에 거처를 정하시고 부활한 성도들과 사귐을 가지시며(계 21:3) 성도들은 그리스도로 더불어 왕 노릇함과 동시에(계 20:6; 22:5) 하나님을 섬기며(계 22:3) 즐겁게 찬송한다(계 19:1~4).

(9) 하나님만이 그리스도의 재림의 시간을 아신다

하나님께서 이 세상을 심판하시며 온전히 갱신하시게 되는 것은 그리스도의 재림의 날에 하신다. 이 세상에 대한 심판과 만유를 새롭게 하는 것이 하나님의 권한에 속하는 까닭에 그리스도의 재림의 날과 때도 성부 하나님의 고유의 권한이다. 그래서 예수의 재림의 날과 때는 하늘의 천사들이나 성자도 모르고 오직 아버지 하나님만이 아신다(마 24:36)고 말하는가 하면 만유를 회복시키는 때와 기한이 아버지의 고유한 권한에 속한다고 예수님은 말하였다(행 1:6).

예수님이 하신 말씀들 가운데는 그의 재림이 금방 있을 것처럼 보이는 경우도 있다(막9:1 ; 13:30 ; 마10:23). 그같은 말씀들의 경우는 전형적인 예언자적 원근통시법(prophetic foreshortening)에 해당되는 것으로서 예수는 자기의 부활과 재림을 함께 연결시켜 그의 부활이 어떤 의미에서는 능력 중에 임하는 하나님 나라의 도래를 가리키며, 자기의 재림의 확실성에 대한 보증인 것이다(후크마, p.160). 이렇듯 예수님께서는 가까운 미래의 사건인 부활과 먼 미래의 사건인 재림을 통시적으로 연결하여 함께 보시고 말씀하심으로서 교회로 하여금 항상 깨어있게 하시고 계속적으로 복음을 전달할 수 있게 하시는 것이다.

그러나 예수님은 자기의 재림이 먼 미래의 불확실한 시점에 있을 것을 말씀하셨다. 마태복음 13장에 나오는 가라지 비유, 겨자씨 비유, 누룩 비유 등은 예수의 재림이 상당한 세월의 기간이 경과한 후에야 있게 될 것을 암시하고 있으며, "이 천국 복음이 모든 민족에게 증거되기 위하여 온 세상에 전파되리니 그때야 끝이 오리라"(마 24:14) "그러나 그날과 그때는 아무도 모르나니 하늘의 천사들도 아들도 모르고 오직 아버지만 아시느니라"(마 24:36), "그런즉 깨어 있으라 너희는 그날과 그시를 알지 못하느니라"(마 25:13), "그러므로 너희도 예비하고 있으라 생각지 않은 때에 인자가 오리라"(눅 12:40) 고 하신 말씀들은 재림의 시기의 불확실성을 말함과 동시에 교회가 영적으로 깨어있어 재림의 시기와 관계 없이 그를 영접할 준비가 항상 되어 있어야 할 것을 의미한다.

예수님께서 자기의 재림의 시기에 대하여 아무도 모르고 아버지만이 아신다고 말씀한 것은 삼위 하나님 간의 질서의 측면에서 이해되어져야 할 것이다. 사실 예수님은 아버지께서 모든 계시를 자기에게 주셨다고 하셨고(마 11:27) 그는 본래 태초부터 하나님 아버지와 함께 하나되어 계셨으며(요 1:1, 18; 10:30) 언약관계에 계셨었다(슥 6:13). 그리고 영원한 작정과 창조 사역 및 모든 구속 사역이 모두 삼위 하나님에 의하여 전적으로 이루어졌고 성령은 모든 것 곧 하나님의 깊은 것이라도 통달하신다(고전 2:10). 그러므로 "아들도 모른다"는 말과 "아버지의 권한에 속한다"는 말은 성부 하나님의 부르심을 받은 성자 예수님 자신만이 성부의 계획과 뜻을 확실하게 알고서 행할 수 있다는 것을 말함과 동시에 아버지 하나님을 높이고 예수님 자신을 낮추고 계심을 보여주며(참조, 요 14:28; 빌 2:6~7) 한편으로는 세상 사람들을 향하여 깨어있으라고 하는 경고이기도 한 것이다.

2. 성자 하나님의 종말론적 역할

성부 하나님이 성자 예수님을 사람의 몸으로 이 땅에 보내심으로써 종말이 시작되고 그를 십자가에서 죽게 하실 뿐 아니라 부활하게 하심으로 말미암아 죄와 사망 및 사단을 이기셨는가 하면 그의 재림 때에 심판권을 그에게 주시는 까닭에 성자 하나님의 종말론적 역할은 성부의 종말론적 역할과 밀접하게 관련되어 있다. 그가 육신의 몸을 입고 이 땅에 오신 사건을 통해서 종말이 시작되었는가 하면 그의 재림을 통해서는 그 종말이 완성되고 또한 만유의 회복과 심판이 있게 될 것이므로 성자의 종말론적 역할은 결정적으로 그리고 실제적으로 중요한 의미가 있는 것이다.

(1) 그리스도를 통해서 하나님의 나라가 역동적으로 임하였다

"때가 찼고 하나님의 나라가 가까왔다"(막 1:15)고 예수께서 하신 말씀을 보면, 예수 그리스도께서 성령으로 충만하여(막1:10, 12) 사람들 가운데 오심으로 해서 종말이 사실상 시작되고 하나님의 나라가 역동적으로 임하였음을 알 수 있다. 이로 보건대 예수의 오심과 역사의 종말과 하나님 나라의 도래가 함께 시작되고 그의 재림과 종말의 성취와 그 나라의 완성은 함께 있게 되는 것이다. 다시 말해서 하나님의 나라는 예수의 인격과 사역 및 삶을 통하여 이미 역동적으로 임하여 악을 이기며 그 악으로부터 인간을 구출하여 하나님의 구속적 지배(redemptive rule) 아래 있게 하고 장차 그의 재림을 통하여 새 하늘과 새 땅에서 최종적으로 완성되는 것이다. 이와 같이 하나님의 나라는 역사 안에서의 성취(fulfillment within history)와 역사 끝에서의 완성(consummation at the end of history)이다(Ladd, The Presence of the Future, p.218). 그러므로 하나님 나라의 현재적인 측면과 미래적인 측면은 예수의 종말론적 역할을 통하여 결코 분리될 수 없게 연결되어 있는 것이다. 즉 예수의 초림과 복음전파를 통해서 종말과 하나님 나라가 시작되었는가 하면 계속되는 복음전파 사역과 그의 재림을 통해서 종말과 하나님 나라가 완성되는 것이다(Ridderbos, The Coming of the Kingdom, p.468).

① 그리스도의 오심 자체를 통하여

그리스도께서 이 땅에 오심으로 해서 하나님의 나라가 임하고 하나님의 약속이 성취되며 새로운 시대가 열린 것이다(막 1:15). 때가 찬 까닭에 예수가 여자에게서 '여자의 씨'(창3:15)로 나셨고(갈 4:4) 그 영원한 대제사장(히 4:14), 약속 된 그 선지자(행 3:20~24), 그 왕(마 2:2), 그리고 임마누엘(마 1:20~23), 고난의 종(마 16:21), 그 인자(막10:45)로 오심으로써 그는 역사의 중심점, 아니 최정점이 되셨다. 그리하여 이 역사의 중심적 사건인 예수의 오심을 통하여 과거의 모든 것이 성취되어질 뿐 아니라 미래의 모든 것도 결정되는 것이다.

하나님은 그의 구속역사 가운데서 그리스도를 통하여 죄와 사망과 사단을 단번에 이기시고 세상을 자기와 화목시키셨으며(고후 5:19) 성령 안에서 의와 평강과 희락을 허락하였다(롬14:17). 예수 그리스도의 오심을 통해서 가난한 자에게 복음이 선포되고 소경이 빛을 얻게 되고 압제당하는 자에게는 자유가 보장되었다(눅 4:17~21). 그가 오심으로써 하나님 나라가 그의 제자들 가운데 임재하게 되었던 것이다.

② 그리스도의 인격 자체 속에서

하나님의 왕국은 예수 그리스도의 인격과 불가분의 관계에 있다. 그래서 그리스도의 이름과 하나님의 왕국이 동일시되고 있는 경우가 있다. "보소서 우리가 모든 것을 버리고 주를 좇았사오니 그런즉 우리가 무엇을 얻으리이까"(마 19:27)라고 물은 베드로의 질문에 대한 예수님의 대답이 마태복음 19:29에는 "내 이름을 위하여" 버린 자마다 영생을 상속하리라고 되어 있으나, 마가복음 10:29에는 "나와 복음을 위하여"로, 누가복음 18:29에는 "하나님의 왕국을 위하여"로 되어 있다.

그런가 하면 사도행전에서 빌립은 "하나님의 왕국과 예수 그리스도의 이름에 관한 복음을 전하는 자"(행 8:12)로 소개되어 있고, 바울은 "하나님의 왕국을 전파하며 주 예수 그리스도에 관한 것을 가르치는 자"(행 28:31)로 소개되어 있다. 이로 보건대 하나님의 성령의 충만과 권세를 입은 예수님을 통해 하나님의 왕국이 벌써 우리 가운데 임함으로써(마 12:28; 눅 11:20) 역사의 새로운 장이 열린 것이다.

③ 천국 도래의 표적들 : 천국의 현재성

예수님은 광야의 시험에서 성령의 권능으로 사단에 대한 승리를 얻으심으로써 사단을 결박하셨다. 이로써 그가 귀신들을 내쫓으신 것을 하나님 나라의 현현과 임재에 대한 증거가 되는 것이다(마 12:28). 그런 까닭에 이제 모든 나라들에게 복음이 전파될 수 있게 되었다. 이 같은 사실은 70인의 제자들이 복음전파 사역을 마치고 돌아와 예수님에게 보고하기를 "주의 이름으로 귀신들도 우리에게 항복하더이다"고 하자 예수님은 "사단이 하늘로서 번개같이 떨어지는 것을 내가 보았노라"(눅 10:17~18)고 대답하신 것에 나타나 있다. 이렇듯 예수가 사단에 대하여 승리하고 귀신들의 세력을 물리침으로써 복음이 힘 있게 모든 민족 에게 선포됨으로써 하나님의 나라가 현재적으로 그리고 역동적으로 임한 것이다. 예수는 또한 최종적으로 모든 정사와 권세와 능력을 멸하시고 나라를 하나님 아버지께 온전히 바치실 것이다(고전 15:24).

하나님의 나라가 임했다는 또 다른 표적은 예수와 그의 제자들에 의하여 행하여진 기적들이다(마 11:4~5). 이 기적들은 단지 표적에 지나지 않으며, 기능상 잠정적인 것으로서 왕국의 최종적 완성을 의미하지 않는다. 그러나 마지막 날에는 질병도, 죽음도, 가난도 없게 된다(계 21:4).

그리고 하나님 나라가 임했다는 또 다른 표적은 복음전파(마11:5)와 예수님이 죄 사함을 주신 사건이다(막 2:10). 복음전파는 역사의 완성을 준비하는 방편이다. 그런데 복음 자체이신 예수님은 또한 자신을 영원한 속죄제물로 드리심으로 죄를 없게 하려고 세상 끝에 나타나신 것이다(히 9:26). 그는 많은 사람의 죄를 담당하려고 제물로 드려졌고, 최종적 구원을 위하여 재림하실 것이다(히 9:28). 그의 영원한 제사를 통하여 우리가 거룩하게 되며(히 10:10) 영원히 우리를 온전하게 해주셨다(히10:14). 이로써 그리스도의 인격과 사역(말씀 선포와 이적과 대속적 죽음)을 통하여 종말과 하나님의 나라가 현재적으로 임하게 된 것이다.

(2) 그리스도가 천국을 유업으로 주셨다

그리스도의 오심과 함께 도래한 하나님의 나라는 현재적일 뿐 아니라 미래적이다. 성도가 죽는 때 그는 하늘의 나라로 안전하게 인도된다(딤후 4:18). 즉 하나님의 나라를 유업으로 받는다. 예수와 함께 십자가에 못 박혔던 강도에게 예수와 함께 낙원에 가는 것이 허락된 사건(눅 23:43)이나 바울의 소망이 육체를 떠나 그리스도와 함께 있게 되는 것(빌 1:21~23), 또는 우리의 땅에 있는 장막집이 무너지면 하늘에 있는 영원한 집을 얻게 되리라는 소망(고후 5:6~8) 등은 우리 성도들이 죽는 날 하나님의 특별한 축복된 처소에서 무한한 축복상태를 그리스도와 함께 누리게 될 것을 뜻한다. 이 하늘의 기쁨을 그리스도가 우리에게 유업으로 주시는 것이다. 그런데 그리스도를 알지 못하는 자들은 이 낙원을 유업으로 얻지 못한다(고전 6:9).

(3) 그리스도 안에서 우주적 구원이 이루어진다

역사는 마지막 최종점을 향하여 움직인다. 역사의 이 최종점 에는 그리스도의 재림, 성도의 부활, 심판, 신천신지가 있다. 모든 창조세계와 우리의 몸이 완전히 새로워진다. 하나님의 지배와 통치 아래 온전히 복종하여(고전 15:27) 우리 성도들이 죄와 부패로부터 완전히 해방되는 것을 목표로 한다(롬 8:21).

우주와 그 안에 있는 모든 만물이 이처럼 참된 영광과 구속을 얻어 자유를 누리게 되는 것은 그리스도 안에서 이루어진다(엡1:9~10). 이는 그리스도로 말미암아 죄에 대한 승리(히 9:26), 사망에 대한 승리(고전 15:21~22) 그리고 사단과 악한 세력들에 대한 승리(눅 10:18)가 이루어지는 까닭이다. 또한 만물이 그리스도로 말미암아 그리고 그를 위하여 창조되었기 때문이다 (골 1:19~20).

즉 그리스도가 구속주이실 뿐 아니라 창조주이시기에 그 안에서 우주적 구원이 장차 이루어지는 것이다.

(4) 그리스도가 재림하여 심판하신다

본래 하나님 아버지가 재판장이시나(벧전 1:17; 롬 14:10) 아버지께서는 모든 심판을 아들에게 맡기신 까닭에(요 5:22) 그리스도 예수 안에서 최후 심판을 행하시는 것이다. 그래서 예외적으로 최후 심판의 자리가 "하나님의 심판대"(롬 14:10)로 표현되기도 하지만 통상적으로는 "그리스도의 심판대"(고후 5:10) 로 표현되며 그리스도는 그의 중보의 자격으로 심판주가 되신다(마 25:31, 32; 딤후 4:1).

예수 그리스도께서 이처럼 특별히 심판권을 부여받게 되는 것은 그가 자기를 지극히 낮추시어 육신의 몸으로 이 땅에 오신 것(빌 2:5~10; 요 5:27)과 그가 죽으실 뿐 아니라 부활승천하여 하늘과 땅의 모든 권세를 받은 것(마 28:18) 때문이다. 의로운 재판장되신 그리스도가 그날에 성도들에게 의의 면류관을 주시지만(딤후 4:8) 각 사람마다 행한 대로 심판하신다(롬 2:5~6; 고후 5:10; 계 22:12). 이로써 인간의 최종적 상태가 드러나게 되는 것이다.

3. 성령 하나님의 종말론적 역할

성자가 성부의 뜻에 순종하여 여자에게서 태어나고 사단의 시험을 물리치며 모든 율법에 철저하게 순종하여 살 뿐 아니라 마침내 십자가에서 죽으시고 부활하시어 인류를 위한 구원을 성취 하였으나 이 같은 구원의 성취는 성령으로 가능하였다. 성자 예수가 성령으로 잉태되고 성령으로 충만하여 능력 가운데서 사단의 시험을 이기며 또한 모든 율법에 순종할 수 있었고 그는 성령으로 부활하였던 것이다.

이 성령은 그리스도의 승천 후에 교회 가운데 임하시었고 하나님의 택한 백성들의 새 생명의 근원이 되었는가 하면 양자의 권리를 증거하고 종말의 첫 열매가 되었으며 성도들의 보증이 되고 성도들을 하나님의 소유된 백성으로 인치시며 장차 육체의 부활에 관여하시고 모든 성도들을 새 하늘, 새 땅으로 초대하시므로 역사의 종말을 완성하시는 것이다.

(1) 성령이 예수 위에 임하여 그 속에서 활동하셨다

성령이 예수 그리스도 위에 종말론적으로 강림하실 것에 대하여는 이사야서에 이미 예언된 바 있다. "여호와의 신 곧 지혜와 총명의 신이요 모략과 재능의 신이요 지식과 여호와를 경외하는 신이 그 위에 강림하시리니"(사 11:1). "주 여호와의 신이 내게 임하셨으니 이는 여호와께서 내게 기름을 부으사 가난한 자에게 아름다운 소식을 전하게 하려 하심이라"(사 61:1). 이 약속된 성령이 예수 위에 임하심으로써 그는 지혜와 지식과 경건으로 충만하고 권능 가운데서(눅 4:14) 회개의 복음을 전파할 수 있었다(막 1:15).

그는 때가 찼음을 인식할 뿐 아니라(막 1:15 상반절) 구약의 예언이 자기에게서 성취된 것도 알고 있었다. 그래서 이사야서 61:1~2를 읽으시고서는 "오늘날 너희 귀에 응하셨느니라"(눅4:21)고 말씀하였던 것이다. 이와 같이 성령이 예수 안에서 역동적으로 활동하신 까닭에 여호와의 은혜의 해가 사실상 선포되고 가난하고 눌린 자들에게 자유와 구원이 베풀어지며(마 11:5; 눅 7:22), 예수는 공의와 공정으로 세상을 심판하시는 것이다(사 11:4). 그러므로 예수 위에 성령이 역동적으로 임한 것은 종말론 사건인 것이다.

(2) 성령 강림을 통해서 종말이 도래되었다

예수 그리스도 안에서, 예수 그리스도를 통해서 역동적으로 성령이 역사한다는 것이 종말론의 독특한 성격인 바 그 성령께서는 예수 그리스도가 부활승천하자 하나님이 요엘 선지자를 통해서 약속한대로(욜 2:28) 오순절에 예루살렘교회 위에 강림하였다(행 2:1~4). 그런데 베드로는 요엘의 예언을 인용함에 있어서 "그 후에"라는 말을 "말세에"(행 2:17) 즉 "마지막 날들에"로 의역함으로써 오순절 성령강림이 종말의 도래를 준비하는 사건임을 밝히고 있다. 다시 말해서 베드로가 의미하고 있는 바는 우리가 이제 종말에 살고 있다는 것이다. 성령강림 사건은 말세의 도래, 곧 말세가 지금 시작되었다는 것을 알리는 중대한 사건이다. 그러므로 성령께서 교회 안에 충만하게 임재하신 것은 종말론적 새 시대의 막이 실제적으로 오른 것을 의미한다.

누가복음 11:13에 "너희 천부께서 구하는 자에게 성령을 주시지 않겠느냐", 누가복음 24:49에 "내가 내 아버지의 약속하신 것을 너희에게 보내리니" 그리고 사도행전 1:4에 "아버지의 약속하신 것을 기다리라"등의 말씀을 종합해 보면, 성령은 종말론적 선물이요, 새 세대를 개막하시는 분이시다. 성령은 하나님의 교회에게 권능을 입혀 복음의 증인이 되게 함으로써 새 세대를 여신 것이다(행 1:8).

(3) 성령은 새 생명의 근원이다

구약에서 성령은 이스라엘 백성의 미래적 새 생활의 근원이라고 가르친다. 성령이 이스라엘 백성에게 임하면 갈한 자가 물을 마시는 것과도 같고 마른 땅에 시내물이 흐르는 것과도 같으며 시냇가의 버들같이 새 생명을 얻는가 하면(사 42:2~4) 이스라엘 백성이 정결케 되고 굳은 마음 대신 살처럼 부드러운 마음을 갖게 된다(겔 36:25~26). 즉 성령이 임하면 이스라엘 백성이 새 생명을 얻게 되는 것이다(겔 37:14).

그런데 신약의 경우를 보면 성령은 모든 신자들 각 개인 안에 지금 내주하고 있고(롬 8:9) 이 성령이 내주하시면 그의 영으로 말미암아 우리의 죽을 몸이 살아난다(롬 8:11). 즉 우리의 종교적, 윤리적 삶의 모든 영역에서 생명의 근원으로서 역동적으로 일하시는 것이다. 바울에게 있어서 성령과 종말론의 연관관계성을 보면 미래의 능력이 성령을 통하여 현재 속으로 들어와 그 힘을 발휘하는 것을 의미한다. 즉 미래적 새 존재양식에 참여하여 미래의 능력과 축복들을 지금 여기서 우선적으로 약간 맛을 본다는 것이다. 바로 이러한 이유 때문에 바울은 성령을 첫 열매 (고전 15:20), 또는 보증(고후 1:22)이라고 부른다.

(4) 양자의 권리를 증거한다

하나님이 우리 가운데 보내신 성령은 우리 마음 가운데서 역사하여 하나님을 아버지라고 부르게 한다. 즉 하나님이 참으로 우리의 아버지이시며 우리는 그의 자녀로서 온전한 권세를 가지고 있다는 것을 성령이 우리에게 확신시켜 주는 것이다(갈4:4~6). 성령은 친히 우리의 영으로 더불어 우리가 하나님의 자녀인 것을 증거한다(롬 8:16). 여기서 '증거한다'는 동사는 현재형인 바, 이는 성령의 역할이 현재적으로 우리의 삶 속에서 계속되고 있음을 가리킨다.

특별히 바울은 같은 문맥에서(롬 8:19) 온 피조세계가 하나님의 아들들의 나타나는 것을 기다린다고 말하고 있다. 이는 양자의 특권과 축복을 아직 우리가 충분하게 누리지 못하고 있고 다만 약간만 누리고 있음을 뜻한다. 그래서 우리가 '몸의 구속'을 기다리고 있다고 말한다(롬 8:23). 이 '몸의 구속'은 육체가 부활할 때 모든 육체적, 세속적 제한성으로부터 자유케 되는 것을 의미한다. 그러므로 우리가 온전한 양자권을 누리는 것은 아직 소망의 대상인 것이다. 완전한 양자권은 그리스도가 재림하시고 우리가 부활할 때 온전히 누리게 되는 권세이다. 우리의 양자됨에 관한 한 현재의 성령의 활동은 단지 시작에 불과하며 성령의 완성된 사역은 아직도 미래의 일인 것이다. 여기서 우리는 이 종말론적 세대의 특성인 '이미' (already)와 '아직 아니' (not yet) 사이의 긴장상태를 발견하게 된다.

(5) 성령은 첫 열매이다

바울이 말하는 바 "피조물 뿐 아니라 또한 우리 곧 성령의 처음 익은 열매를 받은 우리까지도 속으로 탄식하여 양자될 것 곧 우리 몸의 구속을 기다리느니라" (롬 8:23)는 구절에서 성령이 첫 열매로 언급되고 있다. 성령이 추수의 시작인 것이다. 성령은 하나님이 우리 인간에게 종말론적으로 주는 첫 열매의 선물인 바, 그 선물을 주신 다음에 그 선물의 사역을 통하여 양자의 권세가 따라오고 또한 신령한 몸이 주어지는 것이다.

후크마의 해석에 의하면, "구약시대에 첫 열매들이란 장차 있을 대추수의 첫 시작을 가리켰듯이 신자들이 성령을 받는다는 것은 장차 주어지게 될 더 좋은 것들의 첫 맛을 보는 것과도 같다. 지금 우리에게는 성령이 임재하여 있다. 그러나 재림 때에는 우리가 풍성한 추수 곧 우리 몸의 부활을 포함하는 충만을 누리게 될 것이다" (후크마, p.88)라고 말한다.

(6) 성령은 성도들의 보증이다

신자들에게 지금 현재적으로 임재하여 내주하고 있는 성령은 신자들이 마지막 날에 얻게 될 구원의 완성에 대한 보증이다. 성령을 첫 열매로 지칭하는 것은 현재의 영적 축복이 잠정적이요, 부분적임을 의미하나 성령을 우리의 보증이라고 하는 것은 우리의 구원의 최종적 성취의 확실성을 의미한다.

바울이 그의 서신들에게 사용하고 있는 보증(아르라본)은 전체 금액 중에서 일부분을 지불하고 법적 권리를 우선 이전받는 효력의 '예치금'(deposit), 계약의 효력을 발생케 하는 '보증금'(earnest-money) 등의 의미를 가지고 있는 바 성령이 장차 성취될 하나님의 약속들을 현재적으로 보증하시는 분이라는 뜻이다(고후 1:22). 또한 성령은 우리가 장차 천상적 존재상태에 들어가게 될 것을 보증하는 분이요(고후 5:5) 우리의 미래의 영광의 기업, 곧 하나님의 복스런 미래의 약속들의 성취에 대한 보증이다(엡 1:14). 그러므로 바울에게 있어서 성령의 선물은 종말의 실현인 동시에 종말의 재확인이며 성령을 지금 소유하고 있다는 것은 종말론적 환희의 일부분이 지금 경험되고 있으나 동시에 그 일부분은 아직도 미래적인 것임을 의미한다.

(7) 성령이 성도들을 인치신다

"인을 친다"는 것은 어떤 것을 다른 것과 구별하여 소유권을 표시한다는 것을 의미한다. 그러므로 성령으로 인치심을 얻었다는 것은 성도들이 세상 사람들로부터 하나님의 소유로 구별되었으며, 하나님이 자기의 소유된 백성으로 주장하신다는 것을 가리킨다. 고린도후서 1:22에서 성령의 인치심과 보증되심이 평행을 이루고 있다.

그리고 에베소서 4:30에는 성령 안에서 성도들 이 구속의 날에 이르기까지 인치심을 받았느니라고 말씀되어 있다. 이로 보건대 성령께서 성도들을 인치셨다는 사상은 하나님의 백성된 우리가 그의 소유가 되었다는 것을 의미하는 동시에 하나님이 우리를 계속해서 보호하시고 우리의 구원을 최종적으로 완성시켜 준다는 것을 뜻하기도 한다. 즉 우리 성도들은 마지막 구속의 그날까지 하나님의 소유된 백성으로 남는다는 것이다. 따라서 성령의 인치심이란 우리가 그리스도 안에서 우리의 기업을 최종적으로 확실히 얻게 될 것을 의미한다.

(8) 성령이 성도들을 부활시킨다

성도들의 새 생명의 근원이신 성령은 그리스도의 부활사건에 능동적으로 역할하였는가 하면 우리의 부활에도 역시 능동적으로 관여하신다. 로마서 8:11에서 바울이 의미하는 바에 의하면 하나님은 예수를 위하여 성령을 통하여 행하신 것을 성도들을 위해서도 동일하게 행하신다. 즉 성령의 역사로 말미암아 그리스도 예수가 얻은 부활의 영광스런 상태를 장차 종말의 그날에 우리의 육체가 누릴 수 있도록 하기 위하여 성령께서 우리를 죽은 자들로부터 일으키신다는 것이다. 그런 의미에서 또한 성령은 우리의 보증이시다.

성도들의 부활에 성령이 직접 관여하고 있다는 사실은 고린도전서 15:42~44에 나타나 있다. "육체의 몸이 신령한 몸으로 다시 살아난다." 여기서 '신령한 몸'(소마 프뉴마티콘)은 성령으로 온전히 지배를 받는 상태인 종말론적 상태의 몸을 가리킨다. 성령은 육체의 부활을 가능케 하는 능동적 역할을 담당하고 있을 뿐만 아니라 부활

이후의 그 육체를 지탱하고 인도해 주는 것이다.

리더보스의 말에 의하면 성도들의 현세의 삶 속에서 역사하는 성령의 성화사역은 육체의 부활의 시작으로 볼 수 있다(Ridderbos, Paul: An Outline of his Theology, p.551). 이런 의미에서 성령은 성도들의 부활에 대한 현재적 첫 열매이며 보증이다.

(9) 성령이 성도들을 신천신지로 초청한다

그리스도께서 재림하고 성도들이 부활하여 심판을 받게 되는 때, 하나님께로부터 신천신지가 임하며 하나님이 만물을 새롭게 하신다(계 21:2, 5). 그때 하나님은 저희와 함께 거하시고 저희는 하나님의 백성이 되며 하나님이 친히 함께 계셔서(계 21:3) 저희와 더불어 세세토록 왕 노릇하시게 된다(계 22:5). 성부 하나님과 어린양 예수 그리스도가 보좌에 앉아있는 그 성전은(계22:1) 영광과 생명이 충만하다(계 22:1~5). 거기에는 어린양의 피로 씻은 예복을 입은 자만이 허락되는데(계 22:14) 그곳으로 성령이 부활한 성도들을 초청하여 충만한 생명을 누릴 수 있게 한다(계22:17).

결론

성부 하나님이 그리스도 예수 안에서 성령과 더불어 의논하여 작정하시고 삼위 하나님이 각기 독특한 방식으로 창조사역에 참여하시는가 하면 또 섭리하시듯이 역사의 종말과 관련하여서도 서로 연락되어 삼위 하나님은 일하신다. 서로 간에 친밀한 언약 관계에 있는 성부와 성자와 성령은 서로 모든 것을 아시고 더불어 일하시는 것이다. 그래서 성부가 성자와 성도들에게 성령을 부으셔서 종말을 시작하셨고 그 성령을 통하여 성자와 성도들을 부활하게 하시는가 하면 성자가 성령의 권세를 힘입어 죄와 사망과 사단을 이기고 우주적 구원을 이루며 심판하시는 때에 성령이 어린양 예수의 보좌로 부활한 성도들을 초청하시는 바, 이 모든 종말론적 사건은 삼위 하나님의 치밀한 계획 속에서 이루어진다.

그런데 이 종말론적 사역에 있어서 삼위 간의 질서 때문에 재림의 때와 날은 성부의 고유의 권한에 속하고 그 정한 때에 성자가 재림하시어 심판하고 성령이 성도들을 부활하게 하여 신천신지로 초청하는바 각각에게는 고유하고 독특한 사역이 있다. 그래서 예컨대 예수님이 재림의 날에 관하여 "그날과 그때는 아무도 모른다"(마 24:36)고 하신 말씀에서 아버지 하나님을 높이고 자신을 낮추는 모습을 볼 수가 있다. 그러므로 아버지의 고유권한에 속한 문제에 대해서는 피조물인 우리로서는 더욱더 겸손해야 하고 다만 깨어있어야 할 뿐이며, 인위적으로 날짜를 계산하여 예수의 재림의 시기를 정하는 것은 삼위 하나님의 언약적 관계와 종말론적 역할에 비추어 볼 때 비성경적이고 비신앙적이다.

7장

종말의 징조

하나님께서는 자기의 자녀된 하나님 나라의 백성이 영적으로 깨어있어 하나님의 나라와 그의 의를 구하게 할 뿐 아니라, 그리스도의 재림과 하나님의 심판을 대비할 수 있게 하기 위해 여러 징조들을 나타내 보이신다.

일반 사람들도 말세의 징조를 대체로 감지하고 산다. 사랑이 식어지고 윤리가 퇴폐해지고 사는 것이 고통스러우며, 불안과 고독과 허무를 뼈저리게 느낀다. 그리고 각종의 재앙들이 겹쳐 일어난다. 지진, 화산 폭발, 난치성 질병, 전염병, 가정 해체 등이 말세의 징조들임을 일반 사람도 안다.

성경에는 하나님의 은총을 증거하는 종말의 증거들이 소개되어 있는가 하면, 하나님께 반역하는 것과 하나님의 심판을 가리키는 징조들이 구체적으로 언급되어 있다. 이로써 하나님께서는 사람들로 하여 하나님의 심판을 대비하도록 하시는 것이다.

1. 종말의 일반적 징조

1960년대 무릎 위까지 올라간 아주 짧은 치마가 유행하자 사람들은 말세가 왔다고 탄식했다. 그런가 하면, 보험금을 노리고서 자기 남편과 시댁의 가족을 계획적으로 살해한 사건 등 돈에 눈이 멀어 친족을 해치는 사건들이 일어난 것을 두고서도 말세라고 통탄했다. 그리고, 남아시아에 큰 지진과 해일이 일어나 수십만 명이 죽는 대참사가 일어나고 조류 독감이 번지기 시작한 것을 두고서도 말세의 징조라고 사람들은 생각한다. 이처럼, 사람들이 생각하는 말세의 징조는 타락과 불법, 향락과 사치, 몰인정한 세태, 천재지변의 대 재앙과 무서운 전염병 등이다. 이 징조들의 공통된 특징은 인류를 큰 고통 속으로 몰아 넣는 것이다. 사는 것이 지옥 같은 고통이다.

성경적인 말세의 징조도 사람들의 생각과 대동소이하다. 바울이 말한 바에 의하면, "네가 이것을 알라. 말세에 고통하는 때가 이르리니 사람들은 자기를 사랑하며 돈을 사랑하며 자긍하며 교만하며 훼방하며 부모를 거역하며 감사치 아니하며 거룩하지 아니하며 무정하며 원통함을 풀지 아니하며 참소하며 절제하지 못하며 사나우며 선한 것을 좋아 아니하며 배반하여 팔며 조급하며 자고하며 쾌락 사랑하기를 하나님 사랑하는 것보다 더하며 경건의 모양은 있으나 경건의 능력은 부인한다"(딤후3:1-5).

성경이 말하고 있는 말세의 징조도 일반 사람들의 생각처럼, 탐욕과 교만, 사랑의 식어짐, 향락과 사치, 배은망덕, 포악 등이며, 신앙의 형식화 또는 세속화가 있다. 그리고 이로 인하여 사람들이 고통을 당한다.

이렇게 성경이 말하는 말세의 징조와 일반 사람들이 생각하는 징조가 대동소이한 것을 보면, 하나님은 모든 사람이 말세의 징조들을 본성적으로도 분별하고서 깨어서 심판을 대비하기를 원하고 계심을 알 수 있다. 그러므로, 누구도 하나님께서 회개할 기회를 주시지 않아서 구원을 얻지 못했다고 마지막 날 하나님 앞에서 핑계치 못하는 것이다. 생각건대, 이성 없는 짐승도 대재앙을 본능적으로 예감하고서 대피하도록 하나님은 섭리하신다(예: 쓰나미 해일로 인하여 남아시아에서 수십만명의 사람들이 대피하지 못하고 죽음을 당한데 반하여, 짐승들은 미리 대피하여 화를 면했고, 짐승들이 대피하는 것을 보고 함께 대피한 자들도 살아 남았다).

말세에 사람들의 사랑이 식어지는 이유는 디모데후서 3:1-5에서 보면, 무엇보다도 자기를 사랑하여 자기 자신의 노예가 된 것과 이와 함께 돈과 쾌락을 사랑하고, 신앙이 형식화된 데 있다. 사랑이 식어지고 불법이 성함으로 인하여(마24:12) 사람들은 말세에 큰 고통을 당하는 것이다.

2. 말세적 고통과 인류의 역사

말세적 고통은 아담이 사단의 유혹을 받아 타락하던 때부터 벌써 시작되었다. 창세기 3:15에 보면, 여자의 후손이 사단과 및 사단의 씨와 원수가 됨으로 투쟁과 고통이 시작되었고, 3장 16절에는 여자에게 임신과 출산의 고통이 있고 성적 욕구가 강해지며, 3장 17절에는 땅이 저주를 받아 황폐해짐으로 땅을 경작하는데 수고와 고통이 따르게 되었다(참고. 창5:29). 창세기 4장에 보면, 형 가인이 동생 아벨을 쳐죽이는 포악함이 있고, 그로 말미암아 죄와 형벌의 고통이 사람의 마음을 짓눌렀다. 이렇게 시작된 원초적 고통은 애굽에서 이스라엘 백성이 종살이하며 당한 고통(출1:8-14), 사사시대에 하나님을 배반하고 자기 좋을 대로 행하며 우상을 숭배하는 가운데 각종 악을 범하다가 하나님의 징계를 받아 당하는 고통(삿2:11-

15), 그리고 이스라엘의 왕국시대 왕들과 제사장 뿐 아니라 일반 백성들의 죄로 말미암아 바벨론 포로로 끌려가 당한 고통(왕하25:1-7) 등으로 이어졌다. 이로써, 사람들은 흑암과 사망의 그늘 아래서 신음하였다(사9:2; 참고, 마4:15-16).

인류의 역사를 보면, 각종의 전쟁, 질병, 기근과 재난, 부패와 타락 등으로 말할 수 없는 고통을 겪어 왔고, 20세기에는 두 차례의 대 전쟁으로 세계 인류는 엄청난 희생과 고통을 당했으며, 월남전쟁, 이라크 전쟁 등 지금도 전쟁이 끊이지 않고, 각종 테러와 흉악한 범죄가 인류를 공포에 떨게 하고 있다. 더욱이나, 각종 환경오염(대기오염, 수질오염, 땅의 오염, 농산물과 축산물 오염, 산업 공해, 전자파 공해, 가공 식품 공해, 소음 공해, 쓰레기 공해, 콘크리트와 아스팔트 공해, 냉난방기 공해 등)으로 인한 고통은 형언할 수가 없다. 오염된 자연이 인류에게 멸망의 재앙을 줄 것이 분명하다. 인류 종말의 마지막 날이 코앞에 와 있는 것이다.

3. 말세적 징조들의 역사적 점진성

하나님의 때가 차서 오신 예수 그리스도께서 종말을 선언하시면서 무엇을 요구하셨는가? "회개하라 천국이 가까웠느니라"(마4:17). "때가 찼고 하나님의 나라가 가까웠으니 회개하고 복음을 믿으라"(막1:15). "내가 의인을 부르러 온 것이 아니요 죄인을 불러 회개시키러 왔노라"(눅5:32). 그는 죄를 회개하고 복음을 믿을 것을 요구하였던 것이다.

예수의 사도들도 요구하기를, "너희가 회개하여 각각 예수 그리스도의 이름으로 세례를 받고 죄 사함을 얻으라"(행2:38); "주 예수를 믿으라 그리하면 너와 네 집이 구원을 얻으리라"(행16:31) 하였다.

예수의 제자들이 예루살렘 성전 건물에 대해 그 웅장함을 인하여 감탄하자 그들에게 성전의 멸망을 예고하셨다. 이에 제자들이 묻기를, "어느 때에 이런 일이 있겠사오며 또 주의 임하심과 세상 끝에는 무슨 징조가 있사오리이까?" 하였다. 이에 대한 예수님의 대답을 보면, 적그리스도의 나타남, 전쟁들의 소문, 기근과 지진 등이 있고 이와 함께 복음의 활발한 전파도 있겠으나, 이 모든 것이 재난의 시작이요 끝은 아직 아니라 하셨다. 모든 민족에게 천국 복음이 전파되는 때에 그제야 끝이 올 것이라는 것이 그의 결론이었다(마24:1-14).

예수님의 이 같은 대답의 말씀을 보면, 예루살렘 성전 건물의 멸망은 세상 끝에 있을 하나의 시작의 징조에 지나지 않고 많은 전쟁과 지진과 기근 등이 이어져 발생하고, 특히 천국의 복음이 모든 민족에게 충분하게 증거되는 때에 결정적으로 끝이 있게 된다. 역사적으로 보면 예수님 시대 이후 많은 전쟁과 지진과 기근이 수 없이 발생해 왔고, 천국 복음도 예루살렘에서 시작하여 소아시아 지방과 마게도냐를 거쳐 로마에서 활발하게 증거된 후 북유럽과 아프리카, 북미와 남미 등지에서 전파되고, 그 다음 아시아에서 복음이 힘있게 증거 되고 있는가 하면, 이제는 동남아시아, 중앙 아시아와 중동 쪽으로 진전되고 있다. 천국 복음의 이 같은 전파 경로와 역사를 보면 말세적 징조는 어느 한 끝 시점에서 동시다발적으로 나타나기보다는, 역사 속에서 점진적으로 강화 또는 가속되어 나타나는 것으로 보아야 한다.

4. 하나님의 은총을 증거하는 징조들

말세에 전쟁, 지진, 기근, 질병 등으로 고통을 당하는 세상에 대하여 하나님은 오래 참으시는 중에 은총 베푸시는 일을 결코 멈추지 않으신다. 하나님은 "비록 근심케 하시나 그 풍부한 자비대로 긍휼히 여기실 것임이라. 주께서 인생으로 고생하며 근심하게 하심이 본심이 아니시로다"(애3:32,33). "주 여호와가 말하노라. 내가 어찌 악인의 죽는 것을 조금인들 기뻐하랴. 그가 돌이켜 그 길에서 떠나서 사는 것을 어찌 기뻐하지 아니하겠느냐"(겔 18:23). "너희는 돌이켜 회개하고 모든 죄에서 떠날찌어다. 그러한즉 죄악이 너희를 패망케 아니하리라"(겔18:30). 하나님은 인자하시고 길이 참으시며 널리 용납하시어 죄인들을 인도하여 회개케 하기를 좋아하시는 까닭에(롬2:4), 멸망 받아 마땅한 이 악한 세상을 향하여 은총을 베푸시는 것이다. 그래서 그는 자기의 유일한 아들을 십자가의 희생 제물로 내어 주시기까지 세상을 사랑하셨었다(요3:16).

말세에 하나님의 은총을 증거 하는 징조는 크게 두 가지이다.

하나는, 모든 민족에게 복음이 선포되는 일이다. 예수님께서는 하나님의 은총의 증거에 대하여, "이 천국 복음이 모든 만민에게 증거되기 위하여 온 세상에 전파되리니 그제야 끝이 오리라"(마24:14; 막 13:10)고 말씀하셨다. 여기서 모든 민족에게 복음이 증거되어야 한다는 표현은 지구상의 최후의 한 사람에게까지 복음이 전파되어야 비로소 그리스도가 재림하시며 세상의 마지막 날이 오리라는 뜻이 아니다. 전파되는 복음에 대하여 모든 민족과 족속들이 책임을 져야 한다는 뜻이다. 생각건대, 지금은 인공위성이나 TV방송, 각종 대중 매체, 그리고 다양한 국제 무역, 관광 여행, 발달된 교통수단, 각종 개발 사업 등으로 인하여 복음과 예수의 이름이 온 세계에 사실상 전파되고 있으므로 모든 민족과 족속들은 지금 책임을 져야 하는 것이다. "알지 못하던 시대에는 하나님이 허물치 아니하셨거니와 이제는 어디든지 사람을 다 명하사 회개하라 하셨다"(행17:30).

둘은, 이스라엘의 온전한 수가 구원을 받는 일이다. 하나님이 바울에게 계시한 바에 의하면, "이 비밀을 너희가 모르기를 내가 원치 아니하노니 이 비밀은 이방인의 충만한 수가 들어오기까지 이스라엘의 더러는 완악하게 된 것이라. 그리하여 온 이스라엘이 구원을 얻으리라"(롬11:25-26). 이 비밀은 이방인의 충만한 수가 구원을 받은 후에 비로소 온 이스라엘 민족이 민족적으로 일시에 회심하여 구원을 얻을 때 세상 끝이 오리라는 것을 의미하지 않는다. 이 비밀은 예수 그리스도의 십자가의 비밀에 비추어 해석하는 것이 좋다. 하나님은 그리스도의 십자가로 이방인과 유대인간에 막힌 담을 허시고 둘을 하나로 묶어 자기에게로 나아오게 하셨다(엡2:16-18). 이에 대해서는 구약시대에 하나님이 선지자들로 예언케 하셨고(참고, 행 15:15-18), 그가 다윗의 무너진 장막을 다시 지어 일으키심에 있어서 모든 이방인들로 구원 얻게 하시는 것처럼, 이제 이스라엘 백성도 그 이방인들과 함께 지속적으로 구원을 얻게 하시는 바 이것이 하나님의 은총의 징조인 것이다.

5. 하나님께 반역하는 징조들

하나님의 은총과 사랑과 자비는 변함이 없고 신실하지만, 은총과 자비와 오래 참으심을 감사할 줄 모르는 죄악된 인류는 하나님께 반역하여 우상을 섬기며 배도하고 적그리스도 노릇을 한다.

하나, 우상숭배. 죄 아래 있는 인간들은 마귀의 올무에 사로잡혀 그것의 뜻에 따라 조종되어(참고, 딤후2:26) 피조물을 조물주 하나님보다 더 경배하고 섬긴다(롬1:23,25). 사람들은 탐욕에 사로잡혀 우상을 섬기는 것이다(골3:5).

둘, 배도. 예수님이 말씀하신 바에 의하면, "거짓 그리스도들과 거짓 선지자들이 일어나 큰 표적과 기사를 보이어 할 수만 있으면 택하신 자들도 미혹하게 하리라"(마24:24). 배도 가운데 주목할 것은 주님의 이름을 소리 높여 부르는 불법을 행하는 자들과(마7:22-23), 오늘날 유명한 신학자들이라 자칭하지만 그리스도의 대속적 죽으심과 몸의 부활과 재림 등을 부인하는 자들이다.

셋, 적그리스도(anti-Christ). 적그리스도는 그리스도를 대적하는 악한 세력으로서 그리스도의 경쟁적 적대자이다. 이 적그리스도는 그리스도의 성육신을 부인하거나(요일4:2-6), 예수가 그리스도이심을 부인하는 자들이다(요일2:22). 그리고 '불법의 사람'이다(살후2:1-12).

6. 하나님의 심판을 가리키는 징조들

　종말의 시대적 징조들은 한편으로는 하나님의 은총을 나타내는 것들이 있으나, 다른 한편으로는 하나님의 심판을 나타내는 것들도 있다.

　하나, 환난. 말세에는 그리스도의 사람들이 흔히 많이 환난을 당하나(요16:33), 인류 전체에게 임할 큰 환난이 있다. "이는 그 때에는 큰 환난이 있겠음이라. 창세로부터 지금까지 이런 환난이 없었고 후에도 없으리라"(마24:21).

　둘, 전쟁, 지진 그리고 기근. 말세에는 하나님의 심판을 나타내는 징조들로 인류가 큰 충격을 받는다(마24:6-8). 하나님의 은총을 나타내는 징조들은 인류에게 생명의 축복과 기쁨과 감격을 느끼게 하는 까닭에 충격을 주지 않으나, 심판의 징조들은 성질상 고통스럽고 처참하고 엄청난 불행을 당하게 하는 까닭에 큰 충격을 주는 것이다.

　이 같은 전쟁이나 지진이나 기근들은 말세의 한 시점에만 국한되어 한꺼번에 일어나는 것이 아니고, 인류 역사 속에서 점증되어 왔다. 예를 들면, 주후 70년 유대인들의 독립 전쟁으로 예루살렘의 헤롯 성전이 붕괴되고 100여 만 명이 죽었고, 400년경 반달족에 의한 서로마제국 멸망, 1463년 터키에게 동로마제국의 멸망, 1618-1648년

에 있었던 30년 전쟁으로 말미암은 유럽의 황폐화, 1910년대와 1940
년대 양차 세계대전, 1923년 일본 관동 대 지진, 1987년 멕시코 지
진으로 40 만명 죽음, 2004년 남아시아에서 일어난 쓰나미 대재앙,
그리고 지금도 이 지구의 전 인구 가운데 삼분의 일 정도가 기근으
로 영양실조 상태에 있다.

7. 종말의 징조들의 중요성

종말의 징조들 가운데는 하나님의 은총을 나타내는 것들이 있는
가 하면, 하나님을 반역하는 것들도 있고, 하나님의 심판을 증거하
는 것들도 있다. 우리가 이것들을 알면 하나님의 뜻을 따라 삶으로
미래를 대비할 수 있다.

하나님의 은총을 나타내는 징조들은 모든 민족에게 복음이 선포
되는 일과 이스라엘의 온전한 수가 구원받는 일이다. 이 징조들에
나타난 하나님의 뜻을 따라 복음을 전하되 우리는 이스라엘을 포
함하여 모든 민족에게 전체적으로 해야한다. 세계 선교와 복음화
를 위하여 때를 얻든지 못 얻든지 최선을 다하는 것이 말세에 교회
를 향한 하나님의 뜻이다(딤후4:2).

하나님을 반역하는 징조들은 우상숭배와 배도와 적그리스도이
다. 이로 보건대, 우리는 하나님을 예배하고 그에게 영광을 돌리며
감사하는 일을 힘써야 하는 것이다. 특별히 주일을 거룩하게 지켜
예배를 회복해야 한다. 그리고, 건전한 성경 연구와 기독교 교리 및

신학 연구가 이루어져야한다. 기도하고 성령의 인도하심을 받는 가운데 겸손하게 그리고 기쁨으로 성경과 기독교의 주요한 교리와 신학을 연구하고 가르쳐야 한다.

하나님의 심판을 나타내는 징조들은 환난과 전쟁과 지진과 기근 등인데, 인류를 비참과 불행에 빠지게 하고 고통스럽게 만드는 것들이다. 이것들은 하나님의 본심이 아니다. 우리는 이 징조들 앞에서 회개하고, 마지막 심판의 날을 대비하되, 하나님의 자비하심 같이 비참함과 고통 중에 있는 자들을 불쌍히 여기고 위하여 기도하며 사랑으로 섬겨야 한다(참고, 마25:34-36,40). 그리고, 환난 중에서도 인내하고 하나님의 영광을 보며 즐거워해야 한다(롬5:2-3).

8장

시작된 종말과 은혜의 나라

신약성경의 첫 권인 마태복음서는 제1장 예수 그리스도의 족보를 통해서 하나님의 종말을 제시하였다. 하나님의 때가 차서 다윗의 자손 그리스도라고 하는 예수님이 여자에게서 나셨다고 하였다. 예수와 임마누엘이라는 호칭을 통해서 하나님의 종말을 구속사적으로 언급한 것이다.

마태는 그의 복음서 5장과 13장에서 종말을 하나님의 나라와 관련지었고, 시작된 종말과 미래적 종말을 함께 언급했다. 누가는 그의 복음서 4장 16~21절에서 이사야서 61장 1~2을 종말론적으로 인용하고, 특히 시작된 종말과 하나님 나라에 초점을 맞추었다.

이렇듯 사복음서에는 시작된 종말과 하나님의 나라가 예수 그리스도의 오심과 사역을 통해서 성취된 것이 잘 나타나 있다. 이와 함께 성령의 종말론적 역할도 명시되어 있다.

1. 예수님의 족보와 종말

마태는 예수의 족보를 소개함에 있어서 아브라함과 다윗으로 대표되는 구약의 백성들에게 하나님이 약속한 언약이 예수 그리스도에게서 성취된 사실을 먼저 1장 1절에서 소개하고, 아브라함으로부터 다윗까지의 족보(2-6절)에서는 죄가 크고 많은 곳에 오히려 하나님의 은혜가 더욱 넘치는 것처럼(롬5:20) 은혜가 죄를 이긴 것을 시사하였다(참고, 이 족보 가운데 다말, 라합, 룻, 우리야의 아내 등 네 이방 여자들이 언급되고 특히 유다와 다말이 함께 소개된 것은 그들의 죄가 크고 수치스러웠음에도 불구하고 하나님이 은혜로 죄를 가리워 주었음을 함축하고 있다). 솔로몬으로부터 바벨론 포로까지의 족보(7-11절)에서는 하나님의 은혜를 더하게 하려고 죄를 결코 지어서는 안 되는 까닭에(롬6:1-2) 하나님이 이스라엘의 죄를 징계하셨다는 것을 시사하였다(참고, 우상숭배 죄의 책임이 큰 요람의 후대 가운데 3대가 누락되고 여호와의 예언의 책을 칼로 찢어 불에 태운 여호야김의 이름이 족보에서 빠진 것은 그들의 죄를 하나님이 물으셨음을 함축하고 있다). 그리고, 바벨론 포로 이후의 족보에서는(12-16절) 이스라엘이 정치적 주권을 상실하여 사실상 왕통이 끊어졌음에도 불구하고 하나님이 그들 가운데서 여전히 통치하고 계셨음을 시사하였다.

마태는 이 같은 족보를 소개하고 나서 그것을 요약하는 가운데 열네 대씩 셋으로 구분한 것을 강조하였는데, 이는 그 숫자를 통해서 다윗의 이름을 연상케 할 뿐 아니라('다윗'이라는 이름의 히브리어 자음을 숫자로 환산하면 합이 14이다) 완전수인 7의 배수로서 하나님의 때가 찼음을 시사하기 위한 것이다. 다시 말해서, 마태는 예수의 족보를 소개하는 가운데 하나님이 이스라엘에게 약속한 언약이 때가 차매 예수 그리스도의 나심을 통하여 이제 성취된 사실을 밝힌 것이다.

이와 함께, 마태는 예수가 성령으로 잉태된 사실을 이어서 언급함으로써 그가 다윗의 왕통에 더하여 하나님께로서 난 만왕의 왕이심을 시사하였다. 그 신적 왕권으로 말미암아 자기 백성을 저희 죄에서 구원할 권세가 있는 분이시기에 그 이름이 '예수'요(마1:21), 또한 죄 사하는 권세로 말미암아 자기 백성 가운데 영광의 성전을 이루어 임재하고 함께 하실 수 있는 분이시기에 그 이름이 또한 '임마누엘'이심을 마태는 밝힌 것이다(마1:23).

이로 보건대, 마태는 예수의 족보와 성령 잉태 및 그의 두 이름, '예수'와 '임마누엘'을 소개함으로써, 하나님의 때가 차매 언약을 성취하여 예수가 오심으로 종말이 시작되었고, 하나님의 은혜의 나라가 현재 역사 속에 온 것을 시사하였다. 마태는 역사의 중심점에 있는 예수를 통하여 하나님이 자기 백성을 사랑하여 죄 용서의 은총을 베푸시고 그들 가운데 임재하여 친히 통치하심을 밝히고자 한 것이다.

2. 예수님의 천국 비유와 종말

예수께서 처음부터 선포하신 바, "회개하라 천국이 가까웠느니라"(마4:17)는 말씀은 "때가 찼고 하나님 나라가 가까왔으니 회개하고 복음을 믿으라"(막1:15)는 말씀을 줄인 것으로 보아야 한다. 이로 보건대, 예수님은 처음부터 종말론적 의미에서 천국의 복음을 선포하고, 회개하고 믿을 것을 요구하신 것이다.

그래서, 그는 온 갈릴리를 두루 다니시면서 천국 복음을 전파하고 모든 병과 연약한 것들을 치유하셨으며(마4:23-24), 구체적으로 산상설교를 통해서 천국에 들어가기에 합당한 자들이 누구이며, 천국에 합당한 생활은 무엇이고, 천국에 들어가려면 어떻게 해야 하는가를 권세 있게 가르치셨다(마5-7장). 그의 권세 있는 말씀 사역은 곧바로 권세 있는 치유 사역으로 이어졌다(마8-9장). 그리고 그의 권세 있는 말씀 사역과 치유 사역의 확대를 위하여 그는 열두 사도를 세워 훈련시켰다(10-12장). 그러는 가운데, 천국의 임재의 표징이 하나님의 성령을 힘입어 사단 마귀를 이기고 귀신을 쫓아내는 것임을 가르쳐 주심으로(마12:28-29), 천국이 현재 임하여 있음을 밝혔다.

예수님의 이 같은 말씀 사역, 치유 사역, 그리고 제자 양육 사역의 연장선상에서 그는 천국의 비유를 제자들에게 가르치신 것이다(마13장). 그의 천국 비유들 가운데 제일 먼저 그리고 자세하게 소개된 씨 뿌리는 자의 비유를 보면(3-9, 18-23절) 이미 복음의 씨가 뿌려졌다는 것을 통해 하나님의 나라가 때가 차서 시작되었다는 것을 시사함과 동시에, 회개하고 복음을 믿을 것을 요구하고 있는 것이다. 가라지 비유도(24-30절) 이미 천국의 복음이 선포되었음을 함의하고 있다. 그리고 겨자씨 비유(31-32절)와 누룩 비유(33절) 등은 예수의 오심을 통하여 이미 시작된 천국이 사람의 눈으로 보면 겨자씨나 누룩처럼 미약하고 미온적인 것처럼 보일지 모르나, 복음의 권세로 말미암아 천국은 점진적으로 그리고 강력하게 확장된다는 것을 시사하였다.

이로 보건대, 마태복음 13장의 천국 비유에는 이미 때가 차매 복음선포와 함께 천국이 시작되었다는 사실을 밝혀 놓은 것이다.

3. 신약성경에 나타난 시작된 종말

1) 누가복음 4:16-21

누가는 예수의 공생애의 첫 사역을 소개함에 있어서 아시야의 글을 인용하였다. 그 내용을 보면, 성령이 예수 그리스도에게 임하심으로 성령의 충만과 권능으로 그가 복음을 전하셨는데, 가난한 자들과 포로된 자와 눈먼 자와 눌린 자들에게 하였고, 이로써 은혜의 해를 전파하려 하셨다는 것이다. 그런데 누가복음의 이 인용을 보면 이사야의 글 중에서 '마음이 상한 자'와 '신원의 날' 그리고 '모든 슬픈 자를 위로하되'가 빠져 있다. 예수께서 이 문구들을 뺀 데는 분명한 이유가 있을 것이다.

우선, '마음이 상한 자'의 경우는 '심령이 가난한 자'(마5:3) 및 '애통하는 자'(마5:4)와 그 의미가 거의 같으므로 중복을 피한 것으로 보인다. 대신 '눈먼 자'와 '눌린 자'를 보충하였다. '모든 슬픈 자를 위로하되'가 빠진 것은 앞의 내용들을 요약한 것이어서 빼도 내용상에 문제가 없기 때문인 듯하다. 문제는 '신원의 날'이 왜 빠져 있는가 하는 것이다. '신원의 날'은 '은혜의 해'와는 정반대 되는 사역의 것이기에 빼서는 안 된다. 그럼에도 불구하고 뺀 것은 예수님이 이 땅에 지금 오신 목적에 부합하지 않고, 그 '신원의 날'이 그의 재림 때와 연관되기 때문인 듯하다. 이사야의 경우는 예수의 초림과 재림을 중첩해서 보았기 때문에 둘을 같이 묶어서 말해도 되었으나, 예수님의 경우는 달랐던 것이다.

이로 보건대, 예수님께서 마태복음 11:2-6에서 말씀하시던 때 이사야 35:4-6을 그가 이루려 오셨음을 세례요한의 제자들에게 밝히신 데서 알 수 있듯이, 그가 이 땅에 오신 목적은 권능으로 보복하고 심판하는 것이 아니라, 복음의 말씀을 선포하고 가르쳐 이스라엘 백성들이 회개하고 복음을 믿어 하나님 나라에 들어 갈 수 있게 하고, 이로써 그들에게 은총을 베풀어 긍휼과 치유를 받게 하는 것이었다.

다시 말해서, 누가가 이사야의 글을 인용하여 예수의 첫 사역을 소개한 것은 예수가 마지막 때에 즉 종말에 오신 것이 가난하고 병들고 눌린 자들에게 복음을 전하여 은총을 베풀고 이로써 천국을 건설하는 것임을 밝히려는데 있었다. 누가는 종말과 관련하여 예수의 오심이 하나님의 은혜의 나라를 건설하는데 있음을 밝힌 것이다.

2) 요한복음 1:14,18

사도 요한은 베드로와 함께 변화산에서 예수의 큰 영광을 목격하였었다(마17:1-13). 그는 나중에 밧모섬에서 환상 중에 예수의 영광을 또한 보았었다(계1:13-16). 그가 눈으로 보고 손으로 만져보고 귀로 들은바 예수 그리스도는 바로 참 하나님이시요(요1:1,18; 20:28; 요일5:20), 영생의 말씀이셨다(요일1:1). 예수는 하늘로부터 오시는 이요(3:13,31), 성령 충만한 이요(3:34), 성령으로 세례 주시는 이요(1:33), 만물의 권세를 가진 이요(3:35), 여호와 자신이시다(6:35).

그래서, 요한의 경우, 예수의 성육신 사건은 하늘이 땅에 임한 것이요, 하나님의 영광과 은혜와 진리가 이 땅에 하나님의 백성 가운데 임한 것이었다(요1:14,18). 구약에서 출애굽한 이스라엘 백성이 광야 생활하던 때 하늘에서 내려진 만나와 영광의 구름으로 덮인 성막으로 상징된 메시아가 때가 차 마침내 육신을 입고 하나님의 영광의 광채로 임한 종말론적 사건이 바로 예수의 성육신이었다.

3) 히브리서 9:26

히9:26, "그리하면 그가 세상을 창조할 때부터 자주 고난을 받았어야 할 것이로되 이제 자기를 단번에 제사로 드려 죄를 없게 하시려고 세상 끝에 나타나셨느니라."

히브리서 기자가 그의 서신의 초두에서(히1:2) 밝힌대로, "이 모든 마지막 날에" 곧 종말에 예수 그리스도가 하나님의 선지자들에게 주신 약속대로 때가 차서 오셨다. 그런데 그가 이렇게 종말에 오신 것은 죄를 없이 하고 정결케 하려고 자기를 단번에 희생 제물로 드리기 위함이었던 것이다. 이로써 그는 자기의 백성을 위하여 큰 구원을 성취하고(2:3), 믿는 자들로 하여금 영원한 안식에 들어가는 복을 얻게 하고자 하셨다(4:3).

4) 마태복음 8:1-17과 누가복음 4:31-41; 5:12-35

마태복음 8:1-17에 보면, 예수님은 한 문둥병자를 손을 내밀어 만져 주시면서 그의 병을 치유해 주셨다. 그가 손을 내밀어 그 환자를 만져 주신 것은 사랑하시고 긍휼히 여겨 은총을 베푸셨음을 뜻한다. 그리고, 한 백부장의 하인이 중풍병으로 집에 누워 몹시 괴로워한다는 말씀을 그 백부장에게서 듣자 그는 그 집으로 곧장 달려가서 고쳐 주고자 하셨다. 그러나 예수의 말씀의 권세를 믿는 그 백부장의 믿음을 보시고 이를 격찬하시고 말씀 한 마디로 즉시 고쳐 주셨는 바, 이 사건은 병으로 몹시 괴로워하는 한 천한 하인까지도 예수님이 얼마나 귀하게 여기고 사랑하신가를 보여 주었다. 그 다음에, 예수는 베드로의 장모의 열병을 치유하셨고 또 저물 때 귀신들린 자들을 말씀으로 다 고쳐 주셨다.

그런데 예수께서 이렇게 치유사역을 행하신 것은 선지자 이사야의 말대로, "우리 연약한 것을 친히 담당하시고 병을 짊어지셨도다"

(마8:17; 사53:4 인용) 함을 이루려 하심이었다. 이렇듯 그의 치유 사역은 긍휼과 은총을 베푸심이다. 그가 이루신 하나님의 나라는 진실로 은혜의 나라인 것이다.

누가복음 4:31-41에는 더러운 귀신들린 자들에 대한 치유와 베드로의 장모의 열병 및 각색 병으로 앓는 자들에 대한 치유가 기록되어 있고, 5:12-35에는 문둥병자와 중풍병자에 대한 치유가 각각 소개되어 있다.

누가복음의 경우도 마태복음의 경우처럼, 예수의 첫 치유 사역들이 보여 주는 바는 종말과 함께 시작된 하나님의 나라가 죄 용서와 은혜와 긍휼의 나라요, 연약함을 대신 담당해 주시는 섬김의 사랑의 나라인 것이다.

4. 하나님 나라의 표징들

하나님의 은혜의 나라가 예수의 사역과 성령을 통해서 이미 이 땅에 임하여 있음을 보여 주는 두드러진 표징들로는 다음과 같은 것들이 있다.

첫째, 사단의 활동이 크게 제약을 받는다. 예수의 70인의 제자들이 전도를 마치고 돌아와 주의 이름으로 귀신들이 그들에게 항복한 사실을 보고하자, "사단이 하늘로서 번개같이 떨어지는 것을 내가 보았노라"(눅10:18)고 예수께서 말씀하신 대로, 예수의 이름 앞에 사단이 결박되어 그것의 활동이 제한되었다(참고, 마12:29; 계20:2).

둘째, 귀신들을 예수의 이름으로 쫓아낸다. 예수께서 말씀하신 대로, "내가 하나님의 성령을 힘입어 귀신을 쫓아내는 것이면 하나님의 나라가 이미 너희에게 임하였느니라"(마12:28). 이 말씀이 밝히 보여주고 있는 대로, 하나님의 나라의 임하심과 귀신을 쫓아내는 것이 직접 관련되어 있다. 예수께서 이 땅에 오시어 마귀와 마귀의 일을 멸하시나(요일3:8), 사단의 무리들인 악한 귀신들이 여전히 활동하고 있기 때문에(엡6:11,12), 예수님은 사역을 시작하시던 바로 초기부터 귀신들린 자를 치유하셨다(마4:24).

셋째, 기적들이 일어난다. 예수님은 귀신들린 자들을 치유하셨을 뿐 아니라, 소경과 앉은뱅이, 중풍병자, 문둥병자 등 각종 병자들을 고치셨다. 그의 사도들도 예수의 이름과 성령으로 많은 능력과 기적들을 행함으로 하나님의 나라가 우리 가운데 있음을 보여 주었다(행5:12-16).

넷째, 복음전파와 죄 사함이 있다. 하나님의 나라의 최고의 치유 사역과 긍휼 사역과 권세 있는 사역은 복음의 전파와 죄 사함이다 (마11:5하; 행10:43). 왜냐하면 하나님의 권세가 아니고서는 할 수 없는 일이기 때문이다(참고, 막2:5-12).

다섯째, 사랑의 용서와 사귐이 있다. 천국 복음이 전파되는 곳에는 기적의 치유와 죄 사함이 있고, 이로 말미암아 사랑의 섬김과 사귐이 있게 된다. 예수는 그에게서 치유와 죄 사함을 받은 자들과 함께 먹고 마시며 즐기는 가운데 사귐과 섬김을 나누었다(마9:10-11). 성령 안에서 의와 희락과 화평을 누리는 것이 바로 천국이다(롬14:17).

5. 종말과 성령의 역할

성령은 창조 사역의 경우 생명의 기운을 넣어 주시고(욥27:3; 33:4; 겔37:9-10), 구원 사역의 경우 거듭나게 하시고(요3:3,5), 회개하게 하시며(행2:38), 믿음을 심어 주시고(고전12:3) 거룩하게 하신다(딛3:5). 또한 종말과 관련해서도 성령은 다음과 같은 중요한 역할을 하신다.

첫째, 성령은 종말의 도래를 알렸다. 예루살렘 교회 위에 임한 오순절 성령 강림 사건은 말세의 도래를 알리는 중요한 사건이었다(참조, 행2:16-21).

둘째, 성령은 메시아인 예수에게 직분과 권능을 주셨다. 하나님은 이 땅에 육신을 입고 오신 예수 그리스도에게 성령과 능력을 충만하게 부어주심으로(행10:38) 사단을 멸하시고(요일3:8) 하나님의 나라를 우리 가운데 세우게 하셨다(마12:28). 이로써 종말이 시작된 것이다.

셋째, 성령은 하나님의 백성들에게 새 생명의 원천이 되셨다. 부활하신 예수께서 하나님의 자녀들에게 성령을 부어 주심으로 생수의 강이 그 배에서 흘러 나게 하셨다(요7:38-39; 고전12:13). 성령이 우리 안에 의와 희락과 평강이 넘치게 하시는 것이다(롬14:17).

넷째, 성령은 성도들에게 하나님의 자녀의 권세를 주신다. 예수를 믿는 자에게는 하나님의 자녀가 되는 권세가 있다(요1:12). 성령이 하나님의 자녀의 충만한 권세를 누리게 하신다(롬8:14-16).

다섯째, 성도들에게 성령은 육체의 부활을 위한 첫 열매이자 보증이다(롬8:23; 엡1:13-14).

여섯째, 성령은 우리의 육체가 영화롭고 신령한 몸으로 부활하게 하신다(롬8:11; 고전15:44).

9장

죽음과 그 이후의 세계

죄의 삯은 죽음이다. 세속 철학자들은 고독과 불안과 허무를 극복하는 수단으로 죽음(자살)을 택하지만, 사실상 하나님을 멀리함으로써 죄가 고독과 불안과 허무를 결과시키고, 그 죄의 결말이 죽음인 것이다.

우리는 성경이 말하는 죽음과, 죽음 이후의 세계를 확실하게 알아야 한다. 신자와 불신자의 죽음 간에 있는 차이점을 앎으로써 성경적인 태도를 가지고 죽음을 준비해야 한다.

세속 철학자들이 말하는 영혼의 불멸과 성경이 말하는 영생에는 큰 차이가 있다. 예수님을 그리스도로 믿어 영접하는 자마다 영생을 이제와 영원히 누린다. 죽음 이후의 세계인 지옥과 천국은 어떤 상태의 장소인가에 대해서 성경은 확실하게 가르치고 있다.

세속 철학자들이 알지 못하는 죽음 이후의 세계를 성경적으로 알면, 지금 여기서 천국의 영생을 미리 맛보며 살 수 있다.

1. 인생의 주요 단계

시기적인 면에서 탄생은 삶의 시작과 관련이 있다. 세상에 발을 내딛음으로 사람마다 태어나는 그 순간 가슴이 벅차 울음을 터뜨린다. 결혼은 사람이 어른이 되어 짝을 찾아 가정을 이루는 것이다. 세상에서 성인으로서 자기 몫을 감당하는 순간을 결혼을 통해 맞는다. 죽음은 세상에서 삶을 마감하는 순간에 경험한다.

만남의 관계에서 보면, 탄생은 부모와 형제를 만난다. 이로써 혈

연관계가 맺어진다. 결혼은 배우자를 만난다. 이로써 언약관계가 맺어진다. 죽음은 인간관계를 벗어버린다. 성도의 경우는 천국에서 그리스도의 사람들과 새로운 형제 관계를 맺는다.

미치는 영향 면에서, 탄생은 부모와 형제와 친척들에게 기쁨을 준다. 결혼의 경우는 신랑 신부 당사자들의 기쁨이 크고, 친지들도 크게 기뻐한다. 그러나 죽음의 경우는 유가족들의 슬픔이 크다.

사람마다 탄생하여 성장하면 일반적으로 결혼하고, 그리고 죽는다. 탄생의 경우 본인은 아무런 준비 없이 부모의 계획된 준비와 힘으로 태어난다. 순전히 부모의 덕이다. 그리고 결혼의 경우는 본인의 준비와 부모의 협력과 동의가 필요하다. 여러 사람들이 준비하고 노력하고 힘을 합해서 계획적으로 맞는다. 그러나, 죽음의 경우는 오직 본인이 미리 준비해야 한다. 언제 임할지 모르기 때문에 준비하지 못하는 경우가 많다.

그리고 탄생의 경우는 삶의 시작이기 때문에 미래의 가능성이 열려 있다. 인생이 여러번 바뀔 가능성이 많은 것이다. 결혼의 경우는 배우자와 한 몸을 이룸으로 미래의 가능성이 여러 가지로 제한된다. 그러나 죽음의 경우는 인생의 운명이 확정지어져 버린다. 죽은 후에는 변화를 시도할 수가 없다. 그래서, 죽음은 특별히 미리 준비를 잘 해야 하는 것이다.

2. 죽음의 종류

성경이 말하는 죽음에는 세 종류가 있다. 하나는 생물학적 또는 신체적 죽음으로 영혼과 육체가 분리되는 것이다. 이것은 사람들이 일반적으로 말하는 죽음이다.

둘째는 영적 죽음으로서 영혼과 육체가 분리되지 아니한채 유기적으로 결합되어 있으나 영혼이 완전히 부패하고 전적으로 무능력하여 죽어 있는 상태를 가리킨다. 하나님을 멀리하고 떠남으로 하나님과의 관계가 단절된 가운데 사는 불신자들이 바로 이 영적 죽음의 상태에 있는 것이다. 다시 말해서, 신체적으로나 일반적으로는 살아 있고 활동하며 세상의 부귀영화를 누리며 살지만, 영적으로는 하나님 없이 살기 때문에 죽은 상태에 있는 것이다.

셋째는 영원한 죽음이다. 사람은 신체적으로 한번 죽은 후에 그리스도가 재림하실 때 의인과 악인이 다 부활하게 되는데, 그때 악인들이 심판을 받아 영원한 지옥의 형벌을 받게 되는 바 그것을 가리켜 "둘째 사망" 곧 영원한 사망이라 한다. "두려워하는 자들과 믿지 아니하는 자들과… 모든 거짓말하는 자들은 불과 유황으로 타는 못에 참예하리니 이것이 둘째 사망이라"(계21:8). 몸과 영혼이 다같이 지옥에서 고통을 당하는 것이 영원한 죽음이다(마10:28하).

3. 죽음의 정의

"한번 죽는 것은 사람에게 정하신 것이요 그 후에는 심판이 있으리라"(히9:27)고 성경이 말하는 대로, 사람은 신자이건 불신자이건 모두 생물학적 의미에서 죽음을 맞는다. 즉, 육체와 영혼이 분리되어 육체는 땅에 묻혀 썩거나 불에 태워져 흙으로 돌아가고, 영혼은 홀로 살아남는다(전3:20,21). 육체는 죽음을 당하나 영혼은 멸절되지 않는 것이다(마10:28상).

그런데, 이 죽음은 사람이 늙거나 병들어 자연의 이치대로, 즉 생노병사(生老病死)의 이치대로 되어지는 삶의 종말이 아니고, 불신자의 경우는 죄의 삯이다(롬6:23). 죄의 형벌로서 죽음을 당한 것이다. 사람이나 자연만물이 늙고 병들고 죽는 것은 자연의 이치이지만, 사실 그것은 죄의 형벌의 결과이다(창3:17-19). 그런 까닭에, 불신자는 죄의 형벌로 죽음을 당하고, 그로 말미암아 죽으면 지옥으로 가 고통을 당한다(눅16:22-23).

이에 반하여, 신자의 경우는 예수 그리스도께서 그들의 저주와 형벌을 대신 당하신 까닭에 죄에 대한 형벌로 죽음을 맞는 것이 아니다. 그들의 경우는 그들이 성령으로 거듭나고 말씀으로 죄를 씻으며 회개하지만 그들 안에 여전히 죄가 남아있는 바, 그 남은 죄의 잔재를 완전히 깨끗하게 씻어 성화되는 최종적 방법이 바로 죽음이다. 그래서 성도들은 이 죽음을 통하여 성화되어 낙원으로 인도되는 것이다(눅16:23하; 23:43).

요약하자면, 불신자는 죄의 형벌로 죽음을 맞아 지옥으로 가 고통을 당하는데 반하여, 신자는 육체의 죽음을 통해 죄에서 완전히 성결케 되어 낙원으로 인도되어 그 곳에서 기쁨을 누린다(눅16:25). 불신자에게 죽음은 영원한 죽음 곧 지옥으로 가는 문인데 반하여, 신자에게 죽음은 영원한 생명 곧 천국으로 가는 문이다.

4. 죽음 이후의 상태에 대한 이론들

사람의 죽음 이후의 상태에 대하여 사람들은 여러 가지로 생각하고 있다. 그 가운데 주요한 것들은 다음과 같다.

첫째, 영혼수면설(Psychopannychy; the doctrine of the sleep of the soul).

성경에서 죽은 자의 상태를 가리켜 "잠을 잔다"고 한 것(마9:24; 행7:60)에 근거하여 죽은 자의 영혼이 무의식적인 수면 상태에 있다고 생각한다. 이 견해에 의하면, 인간의 영혼은 뇌수(brain)를 떠나서는 의식을 할 수가 없다고 보는 것이다. 그러나, 성경은 죽은 자의 모습이 잠자는 것과 같다고 할 뿐이며, 죽음 이후 하나님과 및 그리스도와 교제하는 가운데 기쁨과 위로를 즐긴다고 말하고 있다(눅16:19-31; 23:43; 행7:59; 빌1:23).

둘째, 영혼멸절설(annihilationism).

요한계시록 20:9,14에 근거하여 불이 죄인들을 소멸시켜 버리기 때문에 사람의 영혼은 몸과 함께 사후에는 아무것도 남는 것이 없이 된다는 것이다. 이 견해에 의하면, 사후에는 영육이 함께 소멸되기 때문에 고통도 없고, 사실상 지옥도 없다.

그러나, 성경은 악인이 죽어서 가게 되는 지옥을 분명하게 가르치고 있을 뿐 아니라(마13:42; 25:41), 거기서는 몸과 영혼이 파멸하여 극심한 고통을 당하는 것으로 표현하고 있다(마10:28; 눅13:5; 딤전6:9).

셋째, 제 2 시련설(the doctrine of a second probation).

이 견해에 의하면, 죄 가운데 죽은 자들이 그들의 사후에라도 회개와 신앙을 통해서 그리스도를 영접하여 구원에 이르는 기회를 갖게 된다고 한다. 사람은 최후의 심판날까지는 언제든지 회개하여 그리스도를 믿고 영접할 기회가 주어져 있다고 그들은 주장한다. 즉, 하나님께서는 십자가로 만물이 자기와 화목되기를 기뻐하시기 때문에(골1:20) 회개하고 구원받을 기회를 사후에도 주신다는 것이다.

그러나, 성경의 가르침에 의하면 죽은 후에는 사람은 지옥에서 천국으로 옮겨갈 수가 없다(눅16:19-31). 그러므로, 사후에는 회개하여 구원받을 기회가 없는 것이다.

넷째, 강령술(spiritism).

강령술이란 죽은 자의 영들이 영매(medium)를 통하여 생존자들과 교통할 수 있다고 하는 주장이다. 즉, 죽은 자의 영혼들이 공중에서 떠돌고 있거나 지하에서 활동하고 있는 가운데 영매를 통해서 살아있는 자들과 대화하는 일을 한다는 것이다.

강령술을 지지하는 것처럼 보이는 대표적인 성경의 사례는 사울 왕이 엔돌에 가서 무녀를 통하여 사무엘의 영혼으로부터 메시지를 전해 받는 경우이다(삼상28:3-25). 이것은 무녀가 귀신이 들려 사무엘의 영체와 말을 주고 받는 것처럼 꾸민 것에 지나지 않는 마귀의 장난에 불과하다. 사울왕이 이 같은 죄를 범한 까닭에 하나님의 벌을 받았던 것으로 미루어 보아(대상10:13,14), 강령술은 마귀적인 기만이요 장난임을 알 수 있다.

다섯째, 성경의 가르침에 의하면 사람의 영혼은 사후에도 살아 있어서, 불신자는 지옥에서 고통을 경험하는데 반하여 신자는 낙원에서 위로와 기쁨을 맛본다(눅16:19-31). 죽은 자의 영혼이 잠자거나, 멸절되는 것이 아니고, 공중에서 떠도는 것도 아니며, 죽으면 곧바로 지옥 또는 천국으로 옮겨진다.

5. 성도들의 죽음의 축복

성도들의 죽음에 대하여 하나님께서는 귀중하게 보신다(시116:15). 하나님은 저희의 생명을 귀하게 보시는 까닭에 압박과 강포에서 구원하시기를 기뻐하시어(시72:14), 재앙을 피하게 하려고 죽음을 허락하신다(사57:1).

그래서 욥은 고백하기를, "내가 모태에서 적신이 나왔사온즉 또한 적신이 그리로 돌아갈지라 … 여호와의 이름이 찬송을 받을지니이다"(욥1:21) 하였고, 바울은 "오직 전과 같이 이제도 온전히 담대하여 살든지 죽든지 내 몸에서 그리스도가 존귀히 되게 하려 하나니 이는 내게 사는 것이 그리스도니 죽는 것도 유익함이라"(빌1:20,21) "내가 그 두 사이에 끼였으니 떠나서 그리스도와 함께 있을 욕망을 가진 이것이 더욱 좋으나"(빌1:23)라고 하였다. 하나님은 성도들의 죽음을 기뻐하시는 것이다. 하나님의 낙원에 그의 백성들이 거룩한 몸으로 오니 어찌 천군천사와 함께 기쁨으로 맞이하지 않으시겠는가? 탕자의 비유에서 집으로 돌아온 아들을 맞이하는 아버지의 기쁨보다 더 크실 것이다.

그러므로 죽음은 성도들에게도 큰 기쁨이요 축복이 아닐 수 없다. 구체적으로 몇 가지 이유를 살펴보면 다음과 같다.

첫째, 성도들에게 죽음은 낙원으로 들어가는 대문이다. 그리스도의 죽음이 낙원으로 가는 고속도로라고 하면 성도의 죽음은 그 고속도로로 진입하는 톨게이트와도 같다(참고, 히10:19-20).

둘째, 성도들에게 죽음은 성화의 완성이다. 우리 몸 안에 남아있는 죄의 부패한 잔재가 죽음을 통해서 완전히 제거됨으로 말미암아 성도는 성화된다(참고, 롬7:18).

셋째, 성도들이 죽으면 더 이상 슬픔이나 고통이 없다. 이는 하나님이 친히 저희와 함께 계셔 모든 눈물을 씻기시고(계21:4), 새 노래로 어린양 예수님을 찬양하고 기뻐하기 때문이다(계5:9-14).

넷째, 수고가 그치고 영원히 안식하며, 땅에서 행한 일들이 하늘에서 기억되기 때문이다(계14:13). 이 땅에서 믿음의 선한 싸움을 다 싸운 자들에게는 의의 면류관(딤후4:8), 생명의 면류관(약1:12; 계2:10), 영광의 면류관(벧전5:4)이 준비되어 있다.

다섯째, 하나님의 영원한 집에서 그리스도와 함께 왕노릇하기 때문이다(딤후2:12; 계5:10; 참고, 계20:4하).

여섯째, 낙원에는 어린양 예수 그리스도의 보좌가 있고 거기서 생수의 강이 넘쳐나며 하나님의 영광만이 있기 때문이다(참고, 계22:1-5).

6. 죽음을 대하는 태도

성도들의 죽음을 하나님이 귀하게 보시고 기뻐하시며, 그 죽음이 성도들에게 기쁨이요 축복이기 때문에 성도들은 마땅히 다음과 같은 태도를 취해야 한다.

첫째, 죽음을 두려워하지 않는다. 사람들은 일반적으로 죽음을 두려워한다. 이는 그들에게 죽음이 형벌이요 지옥이기 때문이다. 그러나 성도에게는 죽음이 주님과 영원히 함께 하는 것이기 때문에 죽음을 두려워하는 대신에, 오히려 죽음을 기뻐하며 소원해야 한다. 그래서 바울은 이렇게 소원했다. "우리가 담대하여 원하는 바는 차라리 몸을 떠나 주와 함께 거하는 그것이라"(고후5:8).

둘째, 죽음을 항상 그리고 미리 준비한다. 발람이 소원한 바 대로, "나는 의인의 죽음같이 죽기를 원하며 나의 종말이 그와 같기를 바라도다"(민23:10하). 주의 강림이 언제일지 모르기에 항상 그리고 미리 깨어서 준비해야 하듯이, 우리의 죽음도 마찬가지이므로 우리는 마땅히 항상 깨어서 준비해야 한다(참고, 마24:44; 25:13).

셋째, 슬퍼하지 않는다. 죽음은 사랑하는 사람과의 이별이기 때문에 인간의 정으로 말미암아 감정적인 슬픔이 있을 수 있으나, 우리는 죽음을 통하여 하늘에서 영원한 축복과 위로와 기쁨과 생명을 누리게 됨으로 지나치게 슬퍼할 필요가 없다(살전4:13; 참고, 요14:28).

넷째, 죽음의 순간까지 항상 변함 없이 맡은 일에 충성한다. 하나님의 부르심의 상을 향하여 믿음의 길을 달리되, 항상 변함 없이 성실하게 주께 받은 소명대로 산다. "오직 우리가 어디까지 이르렀든지 그대로 행할 것이라"(빌3:16).

7. 매장과 화장

사람의 육체는 죽으면 세월의 흐름에 따라 썩어져 흙으로 돌아간다. 수십년이 지나면 거의 형체도 없다. 매장의 경우 백년이 지나면 거의 의미가 없다. 화장은 매장에 비해 시신이 흙으로 돌아가는 시간을 크게 단축시킨 것에 지나지 않는다.

육체가 부활할 때는 땅 속에 매장된 자나, 불로 화장된 자나, 혹 산의 짐승이나 바다의 큰 물고기의 희생이 된 자나, 비행기 사고로 죽은 자나, 기타의 방법으로 죽은 자나 차별이 있을 수 없다. 예컨대, 네로 황제에 의하여 불에 타 죽임을 당한 순교자들과 일본제국과 공산당에 의하여 화형을 당했거나 우물에 수장된 순교자들이 부활할 때 매장된 자들보다 영광스러움에 있어서 결코 부족함이 없을 것이다.

그러므로 시신을 처리하는 방법에 있어서 매장만을 고집할 이유가 없다. 매장의 경우 무덤을 우상화할 가능성이 있기 때문에 오히려 신앙적으로 거침돌이 될 수 있을 뿐 아니라, 국토의 효율적인 관리 면에서도 문제가 있고, 또 묘지 관리하는 일도 엄청난 경제적 시간적 부담이 될 수 있으므로 재고되어야 한다. 벌초하다가 벌에 쏘여 죽는 경우가 있고, 또 성묘 가는 길에 교통사고를 당하는 일도 빈번하다는 사실도 염두에 두어야 한다.

물론, 매장하면 죽은 자에 대한 존중과 예의를 표하는데 크게 유익할 수 있고, 후손들에게 부모 공경하는 법을 가르치는 방편이 될 수도 있다. 그래서 많은 사람들이 매장을 선호하고 있어 보인다. 그러나, 성경적으로 어느 것이 옳거나 틀린 것은 아니다.

8. 영혼의 불멸과 영생

사람의 영혼은 썩지 아니한다는 면에서 불멸한다(immortal) (참고, 고전15:53,54). 영혼이 결코 죽지 않는다는 점에서 불멸한다(마10:28). 이 불멸은 생명의 단순한 계속을 의미하는 것으로 신자나 불신자나 차별이 없다. 불신자가 지옥에 가도 영혼이 죽지 않으며(막9:48,49), 신자가 천국에 가도 그의 생명은 지속된다.

이에 비하여, 불신자는 영생하지 않고 신자만 영생한다. 이 영생은 예수를 믿는 자가 믿음으로 말미암아 하나님의 자녀의 권세를 얻음으로 하나님과 교제를 갖는 것이다(요17:3; 요일5:12). 그래서 예수를 믿는 자는 믿음을 갖는 그 순간 사망에서 생명으로 옮기운다(요5:24).

그러나, 영생은 특별히 내세와 관련하여 영원히 사는 것을 의미한다. "나는 부활이요 생명이니 나를 믿는 자는 죽어도 살겠고 무릇 살아서 나를 믿는 자는 영원히 죽지 아니하리라"(요11:25,26)고 예수께서 말씀하신 대로, 영생은 죽음에 의해 중단됨이 없이 영속할 최상의 복된 상태의 생명이다. 주님 앞에서 주님과 함께 영원히 기쁨을 충만하게 누리고 즐거움이 있는 것이 영생이다(시16:10,11).

9. 중간기 상태

1) 성도들의 상태

사람의 죽음 이후 마지막 날까지의 기간을 두고 신학적으로 "중간기 상태"(the intermediate state)라고 한다. 이 중간기 상태에 대하여, 어떤 사람들은 영혼이 수면 상태에 있게 된다고 주장한다. 즉, 죽은 자들이 잠든 상태에서 부활을 기다린다는 것이다.

이에 비하여 로마 가톨릭교회는 연옥설을 주장한다. 이 견해에 의하면, 천국과 지옥의 중간에 연옥이라는 곳이 있어서 죽은 자들이 그곳에서 징계와 연단을 받는 가운데 부활을 기다린다는 것이다 (참고, 마카비 2서 12:42-45).

이와는 달리, 성경적인 전통적 복음주의는 "낙원설"을 주장한다. 낙원이란 성도가 육체 부활을 통해 영생으로 심판을 받아 상급을 얻기 이전까지의 중간기 상태의 천국을 가리킨다. 장소적 개념으로는 천국과 같으나, 상급과 육체의 부활 면에서 천국과 다르다. 예컨대, 금강산의 경우 동일한 산을 두고서 계절에 따라 봄에는 금강산, 여름에는 봉래산, 가을에는 풍악산, 겨울에는 개골산으로 부르는 것과도 비슷하다.

성도가 부활하여 그리스도로부터 면류관과 함께 상급을 받는 것을 기준으로, 부활 이전은 낙원이요, 부활 이후는 천국이다, 그러나, 넓은 의미로는 부활 전후를 막론하고 천국으로 호칭하기도 한다. 이는 마치 금강산을 계절따라 호칭하기보다는 금강산이라는 이름으로 대체로 부르는 것과도 같다.

죽은 성도는 낙원에서 기쁨과 위로를 누린다(참고, 눅16:25; 시 16:10,11). 낙원이라는 표현 자체가 가리키고 있듯이, 중간기 상태에 성도는 주의 영광을 보며 그를 찬미하고 기뻐하며 즐거움으로 충만한 것이다(참고, 롬8:18; 행7:55,56).

2)불신자들의 상태

불신자들은 중간기 상태에서 음부(구약에서는 '스올', 신약에서는 '하데스')에 내려가 형벌이 확정된 것은 아니지만, 말할 수 없는 고통을 당한다. 예수님이 말씀하신 바 거지 나사로의 비유에서 볼 수 있듯이, 불꽃 가운데서 고통을 맛보며(눅16:24,25), 꺼지지 않는 불로 소금 치듯 함을 당한다(막9:48,49).

신자가 죽어서 들어가는 곳이 낙원이요, 부활 이후에는 천국에서 상급과 함께 영생을 누린다고 하면, 불신자가 죽어서 들어가는 곳은 음부요, 부활한 다음 형벌과 함께 영원한 고통을 당하는 곳이 지옥이다. 그러나, 넓은 의미로는 지옥이 음부를 가리켜 사용된다. 이는 천국이 낙원을 포함하여 넓은 의미로 쓰이는 것과도 같다.

낙원에서 신자가 누리는 기쁨에는 상급과 면류관의 기쁨이 없어도 형언할 수 없는 큰 기쁨이듯이, 음부에서 불신자가 누리는 고통에는 확정된 형벌의 고통이 없어도 형언할 수 없는 고통인 것이다. 이는 마치 어떤 범죄인이 감옥에 갇히게 된 경우 형이 확정되지 않은 미결수의 상태에서 당하는 고통도 말할 수 없이 큰 것과도 같다. 물론 형이 확정되면 고통이 또한 클 것이다.

10장

내세적 종말과 권능의 나라

마태복음 5:3에서 말하는 '가난한 자'는 시편 86:1-2에 비추어 보면 경건한 자 곧 하나님의 사랑을 입은 자이며, 마태복음 18:3-4에 비추어 보면 어린아이와 같이 자기를 낮추는 자이다. 그리고 마태복음의 이 본문과 병행구조를 이루고 있는 마가복음 10:13-16를 보면, 그것이 한 부자 청년에 대한 이야기(10:17-22)와 그것에 대한 예수님의 보충 설명과 연결되어 있다. 이 같은 말씀들과 함께 종합해 보면, '가난한 자'는 경건한 자로서 자기를 낮추는 자인 바 경제적으로 궁핍한 자이며, 이들이 받는 복이 천국이다. 그러므로, 이 천국은 지금 여기서 누리는 기쁨의 영생과 구원의 나라이다(참고, 막10:17,26).

이에 비하여, 5:10의 '의를 위하여 핍박을 받는 자'는 하나님의 의와 나라를 위하여 죽임을 당한 자들이다(참고, 행7:52; 계6:9; 20:4). 그러므로, 그들이 복으로 받는 천국은 의인들이 죽어서 들어가는 하늘에 있는 나라이다. 거기서 의인들은 그리스도와 더불어 왕노릇 한다(참고, 계20:6 하).

그리고 마태복음 13:24-30에 말씀되어 있는 가라지 비유에서 추수 때와 관련된 천국은 47-52절의 그물 비유에서 언급하고 있는 풀무불의 경우처럼 그리스도가 재림하시어 불로 심판하시는 날에 완성되는 천국이다. 이 천국은 세상 끝에 완성되는 것으로, 의인들은 부활하여 천국의 기쁨과 영생을 누릴 것이나, 악인들은 부활하여 지옥의 불의 형벌과 고통을 당하게 된다.

시작된 종말의 특징은 하나님의 죄용서의 은혜이다. 하나님의 때가 차서 이 땅에 인간으로 오신 구주 예수 그리스도를 영접하여 믿으면 그리스도의 의로 인하여 죄 용서함을 받고 의롭다 함을 얻으며 죄에 대하여 죽고 거룩함을 얻는다. 이로써 지금 여기서 이미(already) 하나님의 나라를 누리기 시작하는 것이다. 우리 가운데 하나님의 나라가 임하고, 우리가 하나님의 나라요 그분의 소유된 백성이 된다(벧전2:9).

그러나 하나님의 나라는 또한 미래적으로 오고 있다. 아직(not yet) 완전하게 임한 것이 아니다. 그리스도의 영광스러운 신체적 재림과 함께 악인과 죄인에게 심판이 있고, 성도는 생명의 부활을 하게 되나, 불신자는 영벌에 처해진다. 그런 까닭에 성도들은 마지막 날에 있을 예수 그리스도의 재림을 위해 준비하고, 그때 열릴 신천신지와 육체의 부활을 간절히 소망해야 하는 것이다.

1. 예수님의 재림과 내세적 종말

하나님이 정하신 심판의 날에 예수 그리스도께서 심판주로 오심에 있어서, 그는 부활 승천하시던 때의 바로 그 몸으로 친히 오신다 (a personal coming). 그리고 신체적으로 오신다(a physical coming). 그는 볼 수 있게(visibly), 갑작스럽게(suddenly), 영광스럽게(gloriously), 개선장군처럼(triumphantly) 오시는 것이다(참고, 행1:11; 살전4:16).

이때 의인들과 악인들의 육체의 부활이 있고, 하나님은 그리스도로 말미암아 심판하신다(요5:22,27). 즉, 이 땅에 살던 모든 사람들이 그리스도의 심판대 앞에 서서 자기들의 생각과 말과 행동의 모든 것을 밝히고, 그들이 선악간에 몸으로 행한 것을 따라서 보응을 받게 된다(롬2:16; 고후5:10; 계20:13).

2. 내세와 심판

"심판의 날에 악인은 그리스도의 왼편에 서게 된다. 거기서 자신들의 양심의 명백한 증거와 완전한 유죄 판결에 근거하여, 두렵지만 의로운 정죄 판결이 그들에게 선언되는 것이다. 이로 인하여, 하나님의 자애로운 면전에서 쫓겨날 뿐 아니라, 그리스도와 그의 성도들과 그리고 그의 모든 거룩한 천사들과의 영광스러운 교제가 끊어지고 지옥으로 떨어진다. 그리하여 몸과 영혼이 다같이 마귀와 악한 천사들과 더불어 영원히 말할 수 없는 고통으로 벌을 받는다"(웨스트민스터 대요리 89 문답).

웨스트민스터 신앙고백이 진술하고 있는 바에 의하면, 심판의 날에 악인들에게는 첫째, 의로운 정죄 판결이 선언되고 둘째, 하나님 뿐 아니라 그리스도와 성도들과 천사들과의 교제가 단절되고 지옥에 처해진다. 그리고 셋째, 몸과 영혼이 다같이 지옥에서 고통의 형벌을 당한다. 악인들이 들어가게 되는 지옥은 몸과 영혼이 다같이 불로 파멸되고 극심한 고통을 당하는 곳이다(마13:42; 25:41; 막9:47-49).

"심판의 날에 의인은 구름을 타고 그리스도에게로 올라가 그의 오른편에 서게 된다. 거기서 공개적으로 인정을 받을 뿐 아니라 무죄 선언을 받으며, 버림받은 천사들과 사람들을 심판하는 일에 그리스도와 함께 참여한다. 그리고 하늘에 영접되어 거기서 모든 죄와 불행으로부터 완전히 그리고 영원히 해방될 것이다. 그들은 상상할 수 없는 기쁨으로 충만하고, 몸과 영혼이 완전히 거룩하고 행복하게 되며, 수많은 성도들과 천사들의 무리 가운데 들게 된다. 특별히, 성부 하나님과 우리 주 예수 그리스도와 성령님을 영원토록 직접 보며 즐거워할 수 있게 된다. 이것은 완전하고 충만한 교제인 바, 무형교회 회원들이 부활과 심판의 날에 영광 중에서 그리스도와 더불어 이 교제를 누릴 것이다"(웨스트민스터 대요리 90 문답).

웨스트민스터 신앙고백이 진술한대로, 심판의 날에 의인들에게는 첫째, 구름 타고 하늘에 올라가 그리스도와 함께 자리하며 무죄 선언 곧 의롭다 함을 선언 받는다. 이로써 의의 면류관을 받아쓴다(딤후4:8).

둘째, 모든 죄와 불행으로부터 완전히 해방되어 기쁨으로 충만케 된다(참고, 시16:10,11).

셋째, 몸과 영혼이 완전히 거룩하게 되어 모든 성도들과 천사들과 함께 하늘의 영광을 누린다(계7:13-17).

넷째, 하늘의 영광 중에서 성부 성자 성령 삼위 하나님과 완전하고 충만한 교제를 누린다(계21:3-4).

3. 심판의 날

하나님이 심판의 날을 정하신 데는 두 가지의 목적이 있다. 첫째는, 하나님의 택함 받은 자들이 영원한 구원을 얻음으로 하나님의 긍휼의 영광을 나타내기 위함이며(롬9:23), 둘째는, 하나님께 버림받은 자들이 정죄됨으로 하나님의 공의의 영광을 나타내기 위함이다(살후1:9).

하나님은 그의 심판을 통하여 한편으로는 긍휼을 나타내시고, 다른 한편으로는 공의를 나타내심으로 영광을 받으시는 것이다. 하나님은 심판하심에 있어서 하나님의 택함 받은 의인에게는 긍휼이 많으시나, 하나님의 버림받은 악인들에게는 공의로우시다.

그리스도 예수께서 심판의 날이 마지막 때에 있을 것을 확실하게 선포하신 데는 두 가지 이유가 있다. 하나는, 모든 사람이 죄를 멀리하고 거룩한 삶을 살도록 하기 위함이요(롬13:12-14; 딛2:11-13; 벧후3:11-14), 다른 하나는, 성도들이 역경 중에서 큰 위로를 받게 하기 위함이다. "생각건대 현재의 고난은 장차 우리에게 나타날 영광과 족히 비교할 수 없도다"(롬8:18). 역경 중에서도 심판의 날에 있을 구원과 위로의 소망을 인하여 인내할 수 있게 되는 것이다(롬8:25).

그리스도 예수께서 사람들에게 뿐 아니라 자기의 제자들에게도 심판의 정확한 날을 밝히지 아니한 데는 다음과 같은 세 가지 이유가 있다. 첫째, 사람들로 하여금 육욕적인 안전감을 버리도록 하기 위함이었다. "죽는 자가 다시 살지 못할 것이면 내일 죽을 터이니 먹고 마시자 하리라"(고전15:32). 사람들은 예수께서 비유로 말씀하신 한 부자처럼 평안히 쉬고 먹고 마시고 즐기기를 좋아하며(눅12:19), 노아 시대의 사람들처럼 먹고 마시고 장가들고 시집가기를 좋아하는 가운데 육욕적 안전감을 누리고자 하는 바(눅17:27) 예수님은 우리가 이 같은 것을 버리기를 원하신다.

둘째, 항상 깨어있어(마24:42-44) 충성스럽고 지혜로운 청지기처럼 행하고(마25:14-30) 지속적으로 형제 사랑을 나타내 보이도록 하기 위함이었다(마25:31-46).

셋째, 주님의 재림을 간절하게 대망하여 준비하도록 하기 위함이었다(계22:20).

4. 심판의 근거와 기준 및 내용

마지막 날에 있을 심판의 근거와 기준은 하나님의 계시된 뜻(고후 5:9-10)과 "행한 대로" 곧 선행과 악행대로(롬2:6; 마16:27)이다.

첫째, 선한 행실대로 심판하신다. 하나님 보시기에 선한 행실은 그것의 목적(goal)이 하나님께 영광을 돌리는 것이어야 하고, 그것의 지침(guidance)이 하나님의 말씀인 성경의 가르침이어야 하며, 그것의 동기(ground)가 공의와 사랑이어야 한다. 이 같은 세 가지 요소에 비추어 볼 때, 선행은 하나님을 찾고 구하는 삶(롬2:7), 하나님의 뜻을 구하는 삶(롬12:1-3), 자기를 부인하고 겸손하게 봉사하는 삶(롬12:13), 용서하는 삶(롬12:14-21), 허물의 사함을 받는 삶(롬4:6-8), 그리고 성령을 좇아 행하는 삶(갈5:16, 22-23) 등이다.

둘째, 악한 행실대로 심판하신다. 악행은 선행의 반대되는 것으로 하나님의 영광 대신 사람 자신의 영광을 구하고, 하나님의 진리의 말씀 대신에 자신의 이기적이고 정욕적인 생각과 판단에 따르며, 탐욕과 불의를 좇아 행하는 것이다. 그러므로, 진리이신 하나님을 좇지 아니하는 것(롬2:8), 탐욕과 정욕을 따라 행하는 것(롬1:24), 군림하여 행하는 것(마23:3-7), 우상 숭배(롬1:23), 그리고 믿음 없이 행하는 것(롬14:23) 등이 하나님 보시기에 악한 행실이다.

하나님은 선을 행하는 의인의 경우 영광과 존귀와 평강(롬2:10), 영생(롬2:7), 생명의 부활(요5:29), 그리고 상급(마25:14-30)을 주시며, 의의 면류관(딤후4:8), 생명의 면류관(계2:10), 그리고 영광의 면류관(벧전5:4)을 씌워 주신다.

그러나 악을 행하는 악인의 경우는 노와 분(롬2:8), 환난과 곤고 (롬2:9), 심판의 부활(요5:29), 그리고 지옥의 형벌(마10:28) 등을 받는다. 불과 유황으로 타는 풀무불 못에 참예하게 되는 것이다(계21:8).

5. 육체의 부활

그리스도 예수께서 재림하시는 마지막 날에 의인과 악인이 동시에 다같이 육체가 부활한다(행24:15). 이때 악인들은 수치스러운 몸으로 부활하여 굴욕을 당하나, 의인들은 영광에 이르게 되고, 부활의 첫 열매이신 그리스도와 같이 신령한 몸으로 부활한다(참고, 고전15:23,43).

다시 말해서, 의인들은 영광스러운 몸으로 부활하는데(살전4:17), 이 부활은 결코 썩음을 당하지 않을 것이며, 영광스럽고 강력한 힘을 가지며, 하나님의 성령으로 충만하여 성령의 완전한 지배를 받아 즐거움으로 하나님을 찬양한다(고전15:22-24). 그래서, 하나님의 나라를 유업으로 받기에 부활한 육체는 아주 합당한 것이다(참고, 고전 15:50; 웨스트민스터 대요리 86,87 문답).

6. 신천신지

마지막 날에 그리스도 예수께서는 부활한 성도들의 영생과 축복을 위하여 신천신지를 세우신다. 아담의 범죄로 말미암아 땅이 저주를 받아 허무한데 굴복하고 썩어짐을 당하게 되었으나(롬 8:20,21), 그리스도의 십자가의 피 흘림의 구속으로 말미암아 모든 만물이 하나님께 화목되고(골1:20), 하나님이 불로 태워 새 하늘과 새 땅을 창조하신다(벤후3:12-13).

이사야 선지자가 예언한 대로, 이 신천신지는 이전 것과는 성질이 전혀 다른 세상이며(사65:17), 모두가 영원히 살고(사65:20) 모든 피조물이 서로 평화를 즐기므로 해함이나 상함이 없다(사65:25). 그리고 여호와를 아는 지식이 충만하게 된다(사11:9 하). 사도 요한이 환상 중에 본 신천신지 역시 사망이나 아픔이 없고, 처음 것들이 다 없어진 새롭게 된 세상이요(계21:4-5), 하나님이 자기 백성 가운데 친히 함께 계시는 거룩한 성전이다(계21:2-3).

이 신천신지의 본질에 대하여 루터파는 현재의 우주가 완전 소멸되고 전혀 다른 새 것(brand-new)으로 새 창조된다고 보는데 비하여, 개혁주의 신학자들은 현재의 우주와 동일성을 가지고 있으면서도 영화롭게 갱신된 새 창조(new-made)로 본다.

7. 지옥

하나님의 나라에 들어가 안식과 생명과 영광을 누리는 것이 성도들의 구원이라고 하면, 하나님의 나라에 들어가지 못하고 환난과 곤고를 당하는 것이 불신자들의 심판이다. 이 심판이 바로 지옥의 형벌이다.

지옥은 몸과 영혼이 불로 파멸되어 극심한 고통을 당하는 곳이다. 예수님께서 하신 말씀을 보면, 하나님은 몸과 영혼을 능히 지옥에서 멸하시고(마10:28), 꺼지지 않는 불로 소금 치듯 고통을 당하게 하신다(막9:48-49). 마귀와 사망도 불과 유황 못에서 밤낮 괴로움을 당한다(계20:10,14; 참고, 계21:8).

8. 천년왕국

그리스도 예수의 재림과 관련하여 천년왕국에 대해서는 몇 가지 상이한 견해들이 있다.

첫째, 후천년기설. 이 견해에 의하면, 천년기의 왕국이 있는 후 그리스도가 재림하신다. 즉, 그리스도의 복음 선포로 말미암아 이 땅에서 악이 점점 소멸하고 하나님의 나라가 크게 확장하여 마침내 황금기에 이르는 순간에 그리스도가 재림하시고 의인과 악인이 동시에 부활하여 심판을 받는다. 그리스도 재림 전의 황금기를 가리켜 천년왕국으로 본다. 이 천년왕국은 복음 전파를 통하여 이 땅에서 이루어지는 하나님의 나라이다.

둘째, 역사적 전천년기설. 이 견해에 의하면, 천년기의 왕국이 있기 전에 그리스도가 재림하신다. 즉, 그리스도께서 재림하시는 때에 의인들이 부활하여 이 땅에서 그리스도와 함께 문자적으로 천년동안 왕노릇한 후 악인들이 부활하여 그리스도 앞에 심판을 받는다. 이 견해가 주장하는 바로는 의인의 부활과 악인의 부활 사이에 천년왕국이 이 땅 위에 있다. 이 때 그리스도와 의인들이 왕노릇한다.

셋째, 세대주의 전천년기설. 이 견해에 의하면, 천년기의 왕국이 있기 전에 그리스도가 공중에 재림하여 7년간 어린양 혼인 잔치를 하며(그 때 성도들이 공중으로 들어 올리움을 받는다) 그 때에 이 땅에는 대환난과 유대인들의 대량 회심이 있고, 그 잔치 후 그리스도와 성도들이 공중에서 지상으로 재림하여 천년동안 왕노릇하며, 그리고 나서 악인의 부활과 심판이 있게 된다.

넷째, 무천년기설. 이 견해에 의하면, 이 땅 위에서는 문자적인 천년왕국이 없다. 대신, 그리스도의 초림 때로부터 그의 재림 때까지 부활 승천하신 그리스도와 죽은 의인들이 살아서 하늘에서 왕노릇함으로 이 땅에 통치권을 행사하는 바 이것을 천년왕국으로 이해한다. 이 천년왕국 후에 그리스도가 재림하시고 의인과 악인이 동시에 부활하여 심판을 받으며 신천신지가 열리는 것이다. 웨스트민스터 신앙고백은 이 견해를 따르고 있다.

9. 종말 신앙

예수님의 말씀에 의하면, 깨어 준비하고, 믿고 순종하라는 두 마디로 요약된다. 그러므로 성도들이 마지막 날을 준비하고 대망함에 있어서, 첫째는, 충성되고 지혜로운 종처럼 맡은 직분에 충실하는 것이다(마24:44-45). 손으로 일하기를 힘쓰고(살전4:11), 규모 없이 행하지 아니하며(살후3:6-11), 조용히 일한다(살후3:12).

둘째는, 지극히 작은 자에게 사랑으로 베푸는 삶에 충실하는 것이다(마25:40). 형제를 사랑하여 서로 우애하고 존경하기를 서로 먼저 하여 성도들의 쓸 것을 공급하며 손 대접하기를 힘써야 한다(롬12:10,13).

셋째는, 성령을 좇아 거룩함을 이루는 것이다. 하나님의 뜻은 우리의 거룩함이요(살전4:3), 하나님이 우리를 부르심도 거룩케 하심이다(살전4:7). 우리는 그리스도께서 재림하실 때 하나님 아버지 앞에서 거룩함에 흠이 없어야 한다(살전3:13). 어두움의 일을 벗고 그리스도로 옷 입어(롬13:12-14) 성령을 좇아 살아야 한다(갈5:16).

넷째는, 영광스럽고 존귀하신 하나님을 힘써 구하고 예배하며(롬2:7), 하나님께 영광을 돌리고 그를 영원토록 즐거워하는 것이다(고전10:31). 그리스도 예수 안에서 항상 기뻐하고 범사에 감사해야 한다(살전5:16,18).

다섯째는, 서로 화목하는 일이다(살전5:13). 그리고 "모든 사람에 대하여 오래 참으라"(살전5:14하). 화목의 직책에 충실해야 한다(고후5:18). "서로 용납하여 하나님께 영광을 돌리라"(롬15:9).

맺는 말

교회. 이 세상에서 하나님이 보시기에 가장 존귀하고 영광스러운 하나님의 가족이다. 교회. 이 세상에서 하나님이 보시기에 가장 보배롭고 사랑스러운 그리스도의 몸이다. 교회. 이 세상에서 하나님이 보시기에 가장 거룩하고 복된 성령의 전이다.

교회는 하나님께서 창세전에 그의 유일한 아들 그리스도 안에서 예정하여 선택한 자들로 구성된 하나님의 가족이다. 성별, 인종, 계급, 지역, 귀천, 학벌 등 어떤 것에서도 차별이 없이 그리스도 안에서는 그리고 하나님 아버지 앞에서는 영광스러운 하나님의 가족이다. 교회는 하나님의 유일한 아들 그리스도 예수님께서 자기의 피로 값 주고 사서 자기의 지체들이 되게 한 그리스도의 보배로운 몸이다. 그리고 교회는 그리스도의 피와 하나님의 말씀으로 깨끗하게 하여 성령께서 내주하시는 그의 거룩한 성전이다. 이 세상에서 이처럼 영광스럽고 보배롭고 거룩한 교회를 대표하는 것이 바로 지역교회이다. 지역교회는 인간의 눈으로 보기에는 혹시 왜소하고 빈약하고 허물이 있어도 하나님이 보시기에는 가장 존귀하다. 이 지역교회가 성도들의 어머니이자 학교로서 믿음과 사랑의 훈련장이다.

하나님께서는 교회가 믿음과 사랑으로 훈련되어 세상의 빛과 소금 노릇을 잘할 수 있게 은혜의 외적 방편들을 마련해 주셨다. 그 방편들이 바로 하나님의 말씀과 성례와 기도이다. 이 세 가지의 방편들을 부지런히 사용함으로 교회는 믿음이 튼튼해지고 회개가 구체적으로 되어진다. 이 믿음과 회개를 통해서 교회가 성령으로 충만해지는 것이다. 교회는 성령의 열매를 맺으며, 각종의 은사들을 통해서 튼튼하게 세워지는 것이다.

성령으로 충만한 교회는 권능을 받아, 사도행전의 예루살렘교회처럼, 하나님의 복음을 힘 있게 선포한다. 이 복음 선포를 통해서 이미 예수님이 행하신 대로 하나님의 나라가 이 땅에 임하는 것이다.

교회는 이 점에서 하나님 나라의 대행자(agent)이다. 하나님은 교회의 복음 선포를 통해서 그의 나라가 이 땅에 임하게 하는 것이다.

하나님의 나라는 그리스도와 그의 몸된 교회가 성령의 권능으로 복음을 선포함으로써 이미 이 땅에 임하였고, 힘을 얻고 있다. 그 하나님의 나라에 의해 어둠의 마귀의 권세가 꺾이고 있는 것이다. 그리스도께서 십자가에서 사탄 마귀를 결박하고 무장해제하여 파멸시키고 승리하심으로 하나님의 나라가 이미 이 땅에 임하였다. 그는 이 땅에 사시는 동안 복음을 선포하고 가난하고 병들고 악령에 사로잡힌 자들을 위로하고 치료하며 섬김으로 하나님의 나라를 세우셨다. 그 나라가 이제는 그의 교회를 통해서 더욱 힘 있게 그 권세를 드러내는 것이다. 특히 교회는 하나님의 의를 구현함으로써, 즉 정의와 공의와 공정을 은혜와 인애와 긍휼을 통해 행함으로써 하나님의 나라를 세워 나간다. 이미 임한 하나님의 나라가 그 권세를 드러내게 한다.

그러나 이 땅에는 여전히 죄가 남아있고 사탄 마귀가 우는 사자처럼 교회를 위협하고, 또 거짓으로 미혹하여 넘어지게 한다. 그러나 마침내 마지막 날에 그리스도께서 영광과 권능 가운데 심판주로 임하시어 성도들은 영생의 부활로 살아나게 하시고, 불신자들은 영벌의 심판을 당하게 한다. 즉 성도들은 그들의 몸이 부활하여 새 하늘 새 땅에서 영원히 살게 되고, 불신자들은 그들의 몸이 영원한 형벌에 처해져 지옥 불못에 참여하여 영원히 죽는다. 이것이 내세에 임할 하나님의 나라이다. 그래서 성도들은 기도한다. "아멘. 주 예수님. 어서 오시옵소서!"

부록

1. 사도행전에서 본 성령과 교회

서론

교회의 삼대 표지는 말씀의 참된 전파(행2:4, 14)와 성례의 정당한 집행(행2:41, 42)과 권징의 신실한 시행(행5:1~11, 마18:18)이고, 교회의 삼대 권세는 말씀을 전파하며 해석하는 교리권과 교회의 질서와 순결을 유지하는 치리권(참고, 고전14:40) 그리고 가난하고 연약한 지체를 섬기는 봉사권(행2:42, 44)이다. 이 같은 교회의 표지와 권세는 케리그마(말씀선포)와 코이노니아(사귐)와 디아코니아(섬김) 등으로 표현할 수도 있다.

사도행전은 부활승천하신 예수 그리스도께서 피로 값 주고 사신 교회에게 아버지 하나님의 약속한 성령을 보내어 교회를 설립하고 (planting) 또한 튼튼케 부흥시키는(edifying) 일을 계속하고 계심을 보여주되, 그 성령으로 말미암아 케리그마와 코이노니아와 디아코니아가 교회 안에서 활발하게 이루어지는 것을 보여주고 있다.

사도행전의 요절인 1장 8절의 구조적 특징을 보면 다음과 같다.

"성령이 임하시면

너희가 권능을 받고

(예루살렘과, 유대와 사마리아, 그리고 땅 끝까지)

내 증인이 되리라."

이 구조에 나타난 대로, 성령의 임하심(세례)과 성령의 권능(표적과 기사와 은사) 그리고 복음증거(말씀선포)가 요절의 구조적 특징이다. 성령의 종말론적 임재로 말미암아 권능을 받아 제자들이 예수의 증인으로서 복음을 증거하며 선포함으로써 교회가 설립되고 부흥하며 하나님의 나라가 확장되는 것이다.

사도행전에서 성령으로 말미암아 교회 안에서 케리그마와 코이노니아와 디아코니아가 어떻게 계속적으로 이루어졌는가를 살펴봄으로, 교회가 힘 있게 부흥하는 비결을 배우고자 한다.

I. 성령의 임하심

부활하신 예수 그리스도께서는 승천하실 때 제자들에게 "내가 아버지의 약속하신 성령을 보내주겠다"(눅24:49)고 말씀하셨다. 예수님은 그의 사역 기간 중에도 기회 있는 대로 성령에 대하여 말씀하시며 약속하신 바 있다(눅11:9~13 ; 요14:16, 17, 26 ; 15:26 ; 16:7, 13). 또한 그는 부활하신 기간 중에도 성령을 받으라고 제자들에게 말씀하셨다(요20:22).

예수님은 약속하신 대로 성령을 보내셨다. 오순절에 성령이 마가의 다락방에 모여 기도하던 제자들 위에 임하였던 것이다(행2:1~4). 이 성령 강림 사건은 하나님의 구속의 역사 속에서 일어난 하나님의 종말론적 사건이다(행2:16~21). 예수 그리스도께서 십자가에서 흠 없는 대속제물로서 피 흘려 죽으심으로 구원의 근원이 되시고(히5:8), 그가 부활 승천하여 영원한 대제사장으로서 죄인들을 위하여 대언하심으로 우리의 칭의와 성결과 구속이 되시었다(롬4:25 ; 고전

1:30). 이로써 성령이 교회 위에 임하게 된 것이므로 성령 강림 사건은 구원사적 사건이다. 그런 까닭에, 이제는 누구든지 주의 이름을 부르는 자마다 구원을 얻을 수 있게 된 것이다(행2:21).

또한, 성령 강림 사건은 종말론적 사건이다. 예수님이 때가 차서 이 땅에 오신 점에서(갈4:4) 그의 오심을 통해 벌써 종말이 이 땅위에 시작된 것이 사실이나(막1:15), 베드로가 요엘의 예언을 인용하면서 '그 후에'(욜2:28)를 '말세에'(행2:17)(in the last days)로 의역하여 사용한 것으로 미루어, 성령 강림은 종말론적 사건인 것이다. 요엘 선지자의 예언에 의하면, 하나님은 먼저 의의 교사이신 메시아를 보내어 구원의 은혜를 주시고(욜2:23) 그 후에 곧 이어서 하나님이 성령을 모든 육체에게 부어 주신다(욜2:28). 이 성령으로 말미암아 누구든지 여호와의 이름을 부르는 자는 구원을 얻는다(욜2:32). 그러므로 예수 그리스도의 오심과 성령의 오심은 구원사적인 사건일 뿐만 아니라 종말론적 사건인 것이다. 베드로는 요엘의 예언의 이와 같은 성격을 확실하게 하여 '그 후에'를 '말세에'로 의역하였고, '여호와의 이름'을 '주의 이름'으로 바꾸어 예수께서 바로 '그 주님'이심을 증거하였고(참조, 행2:36) 또한 예수의 이름으로 죄 사함과 구원을 얻는다고 하였다(참조, 행2:38, 4:12).

그런데 '말세'는 '마지막 날들(복수형)의 시기'로서 그리스도의 재림의 '그 마지막 날'과는 다르다. '그 마지막 날에는' 그리스도가 재림하여 죽은 자들을 부활시키고(요6:39) 세상을 심판하신다(요12:48). 그러나 '말세에' 예수 그리스도가 하나님의 영광의 광채로서 하나님을 계시하러 오시었으나(히1:2 ; 요1:9, 18 ; 벧전1:20) 사람들은 자기를 사랑하고(딤후3:1, 2) 재물을 쌓으며(약5:3) 그리스도를 대적하다가(요일2:18) 고통을 당한다(딤후3:1). 이같이 패역한 때에 하나님은 자기의 택한 백성이 예수를 믿어 하나님의 자녀가 되어 구원을 누리도록 예수를 보내셨고(요1:11~12), 이 구원이 더욱 풍성하고 효과적으로 임하도록 하려고 그리스도가 부활승천하시고 성령을 보내주신 것이다(요15:26 ; 17:7, 8).

그러므로 '말세'는 그리스도의 초림으로 시작하여 그리스도의 재림으로 완성되는 상당히 긴 시간을 가리킨다. 따라서 성령의 강림하신 사건은 오순절에 시작이 되었으나 그 특정한 날에 국한되어 일어난 사건이 아니고 종말 시대 전 기간의 특징적 사건인 것이다. 이같은 사실은 베드로가 요엘의 예언을 인용한 말씀에 잘 나타나 있다. '말세에'라는 말이 단수형이 아니고 복수형으로 표현되어 있는 사실뿐만 아니라, '모든 육체', '젊은이', '늙은이', '남종', '여종'들 위에 성령을 하나님이 부어주신다는 사실이 성령 강림의 종말론적 특징을 말해 주고 있다. 즉, '복수형'이 사용되어 있는 점에서 성령 강림은 오순절이라고 하는 한 특정의 날에 국한된 것이 아님을 보여주고 있고, 또 '모든 육체'는 유대인 뿐 아니라 모든 세상 사람들을 두고 한 말이요, '젊은이', '늙은이', '남종', '여종' 등을 열거한 것은 성령이 나이와 신분과 성별을 초월하여 광범위하게 전세계적, 전인류적으로 임할 것을 의미하며, '부어 주리라'는 단어나 '구원을 얻으리라'는 단어가 미래형 동사인 것은 성령 강림 사건이 미래의 약속일뿐 아니라 지속될 것임을 가리킨다.

그래서 역사적으로 보면, 사도행전에서 성령은 예수의 사도들과 제자들 위에 임하였을 뿐 아니라(행2:4), 예루살렘 교회 위에도 임하였고(행4:31), 유대와 사마리아 교회 위에도(행8:15~17 ; 10:44~46), 그리고 땅 끝까지(예, 에베소 교회) 성령이 임하셨던 것이다(행19:6). 그 성령은 지금도 하나님의 자녀들의 공동체인 교회 위에뿐만 아니라(요14:16, 17) 개인에게도 임하신다(요14:23).

II. 성령의 권능

사도행전 1장 8절의 구조를 보면, 앞에서 지적한대로, 성령이 임하시면 그 결과로 권능이 주어진다. 이같은 구조적 특징이 사도행전 전체에 다음과 같이 나타나있다.

먼저, 성령이 오순절에 제자들 위에 충만하게 임하자(2:4 상반절) 제자들은 성령의 말하게 하심을 따라 방언으로 말하였다. 즉, 성령의 권능이 방언의 형태로 나타났다(2:4 하반절). 그리고 성령으로 충만한 베드로는(4:8) 기탄없이 복음을 증거하고(4:13) 큰 소리로 하나님의 말씀에 의지하여 설교하며(2:14이하, 3:12이하) 앉은뱅이를 잡아 일으켜 걷게 하는 능력과 표적을 행했다(3:6~10). 성령의 권능이 베드로가 말씀을 선포할 때 담대함과 큰 확신으로 나타났을 뿐 아니라 이적을 행함으로도 나타났다(참고, 5:15~16). 또한, 사도들이 기도할 때 예루살렘 교회 위에 성령이 충만하게 임하였고(4:31 상반절) 교회는 성령으로 담대하여져 하나님의 말씀을 담대히 전하게 되었다(4:31 하반절). 그리고 사도들의 손으로 표적과 기사를 많이 행하였다(5:12).

사도들이 아닌 일곱 집사들도 성령으로 충만하였는데(6:5), 그 중 스데반은 은혜와 권능이 충만하여 큰 기사와 표적을 행하였고 지혜로 복음을 전하였으며(6:8, 10), 빌립도 표적을 행함으로 앉은뱅이와 중풍병자가 나았고 귀신들린 자의 경우 귀신이 나갔다(8:6~13).

그런가하면 심한 핍박으로 인하여 흩어진 성도들이 사마리아로 가서 복음의 말씀을 전하자 많은 병 고침의 표적들이 나타났고(행8:4~8), 베드로와 요한이 와서 성령 받기를 위하여 기도하자 사마리아 교회 위에 성령이 임하였다(8:14~17). 그 후 사마리아의 이방인 성도들의 교회가 평안하여 든든히 서 가고 성령의 후원으로 수가 늘어갔다(9:31). 이로써 이방인들도 성령으로 세례를 받고 방언을 말하였다(10:46).

사도행전의 또 다른 대표적 사도인 바울도 다메섹으로 가는 길에서 부활 승천한 예수님을 만나던 때 아나니아의 안수를 받고 성령으로 충만하여 예수를 그리스도라 담대하게 증거하였고(9:17, 21), 계속해서 성령충만한 가운데(13:9) 담대하게 은혜의 말씀을 증거할 뿐 아니라 또한 표적과 기사를 행하며 희한한 능력을 나타냈다(14:3 ; 19:11, 12).

바울은 에베소 교회를 방문하여 열 두 제자들에게 안수하여 성령 세례를 받게 했으며, 에베소 교회의 제자들은 방언도 하고 예언도 했다(19:6).

이상에서 사도행전을 1장 8절의 구조와 관련지어 전체적으로 일별해 보면, 성령의 종말론적 강림은 개인뿐만 아니라 교회 위에 보편적이고도 온 세상에 걸쳐 있었고, 성령 강림의 결과로 말미암아 권능의 역사가 담대한 복음 증거 또는 큰 표적과 기사 그리고 방언과 예언 등의 형태로 나타났다. 성령이 임하시면 권능을 받고 범세계적으로 복음을 담대히 증거하며, 성령은 많은 표적과 큰 능력을 행하여 교회를 든든하게 세웠던 것이다.

Ⅲ. 성령과 말씀 선포(케리그마)

사도행전의 요절인 1장 8절의 구조에 비추어 사도행전 전체의 구조적 특징을 복음 증거와 관련하여 살펴보면, 6장 7절과 12장 24절 그리고 19장 20절에 "하나님의 말씀이 점점 왕성하여지다" 또는 "흥왕하여 더하더라" 또는 "주의 말씀이 힘이 있어 흥왕하여 세력을 얻으니라" 등 거의 비슷한 표현을 사용하여 예루살렘 교회와 사마리아 교회와 에베소 교회에 나타난 성령의 권능의 사역을 특징적으로 요약하고 있다. 또한 성령이 오순절에 임하였을 때 제자들이 복음을 증거하기 시작한 것이었다(행2:4)는 사실을 밝힌 기자는 바울이 로마에서 담대히 하나님 나라를 전파하며 주 예수 그리스도께 관한 것을 가르치되 금하는 사람이 없었다(행28:31)는 사실을 강조하여 그의 글을 끝맺음으로써 성령의 종말론적 강림의 궁극적 목적이 말씀의 구원론적 증거에 있음을 분명하게 하였다고 볼 수 있다.

한편 사도행전의 전체 분량 가운데 베드로의 설교(1:16~22 ; 2:14~36, 38~39 ; 3:12~26 ; 4:8~12 ; 5:29~32 ; 10:34~43 ; 11:4~17 ; 15:7~11)와 바울의 설교(13:16~41 ; 14:15~17 ; 17:22~31 ; 20:18~35 ; 21:1~21 ; 24:10~21 ; 26:1~23 ; 27:21~26 ; 28:17~20)와 스데반의 설교(7장)가 10분의 3가량을 차지하고 있다는 사실도 성령이 교회와 사도들에게 임한 목적을 간접적으로 시사하고 있고, 14장 3절에는 성령 충만한 사도들의 손으로 표적과 기사를 행하게 하신 목적이 은혜의 말씀을 증거하게 하는데 있음이 밝혀져 있다.

사도행전 1장 8절과 14장 3절에 나타난대로 보면, 성령이 임하면 권능의 역사가 결과적으로 있게 되고, 그 성령의 권능은 복음의 신적 권위를 드러내 줄뿐만 아니라 복음을 담대하고 확신있게 증거할 수 있게 함으로써 하나님의 말씀이 흥황하게 하며 교회가 양적으로 질적으로 발전하게 한다.

그러나 성령의 임하심과 권능(특별히, 신유와 방언 및 예언의 은사)과 말씀 선포간의 관계에 대하여 워필드(B.B. Warfield)와 그의 신학적 입장을 따르는 신학자들은 다소 부정적으로 설명한다. 워필드의 설명에 따르면, 예수 그리스도의 구속의 역사적 사건들(예, 탄생, 죽음, 부활, 승천, 성령 보내심 등)을 설명하기 위해 언어를 사용한 특별계시가 필요하고, 이 특별계시와 증거자의 신적 권위를 인증하기 위해 능력의 이적들이 행하여졌으나, 구속의 사건들이 이미 단회적으로 종료가 되었고 그 사건들을 설명하는 계시 또한 성경의 완성과 함께 중단되었으므로 이제는 오순절 성령 사건과 같은 성령의 임재라든가 표적과 기사 또한 전혀 불필요하므로 마땅히 중단되었다고 한다. 그러므로 오늘날 교회에서 소위 말하는 방언이나 예언 또는 병 고침 등은 기도 응답일 뿐 성령의 은사가 아니라고 주장한다. 또한 특별계시를 전하는 사도들의 신적 권위를 위하여 사도들에게 이적을 행하는 권능이 주어졌으나(행14:3 ; 고후12:12 ; 롬15:18~19) 이제는 사도직이 소멸되었으므로 자동적으로 이적과 방언의 은사도 중단되었다고 워필드는 주장했다(Warfield, Miracles, Yesterday and Today, pp. 6, 21 : 참조, 레이몬드, 신오순절 운동 비판, pp. 98~99).

그러나 부활승천하신 주님은 지금도 자기백성 곧 교회 안에서 성령의 은사들을 통하여 계속적으로 일하고 계신다(고후6:16). 주님은 성령의 능력의 은사들을 사용하여 교회를 설립할 뿐 아니라 부흥시킨다(고전12:7 ; 엡4:12). 그리고 성령의 은사는 교회를 세우기 위해 그리스도의 재림 때까지 존속되어야 한다(고전13:8~10 ; 골1:9~12). 이는 성령의 능력의 은사가 없이는 교회가 권세있게 복음을 증거할 수 없기 때문이다.

현실적으로 생각해 보면, 그리스도의 구속 사건들이 종료가 되고 계시가 정경으로 완료됨으로써 새로운 계시가 불필요하기 때문에 중단되었다고 해서 성령의 권능의 은사들 가운데 중요한 병 고침, 방언, 예언의 은사가 중단되었다고 한다면, 오늘의 교회가 특별히 미전도 지역의 부패하고 강퍅한 마음을 가진 사람들에게 그리스도의 사건들의 구속적 성격을 이해시키고 복음 증거자들의 신적 권위를 가시적으로 입증하고 그들이 전하는 말씀이 하나님의 말씀인 것을 어떻게 확증할 수 있겠는가? 그리고 성령의 임하심과 권능이 특별하게 주어지지 아니하고서도, 이미 초대교회에서 표적과 기사들을 통하여 확증된 권위만으로도 오늘날 충분하게 하나님의 말씀이 선포될 수 있을까? 특별계시가 완료되고 그 결과로 새로운 계시가 이제는 중단되었다 하여 하나님의 계시의 말씀의 운동력이 상실된 것이 아니고, 사도들의 신적 권위가 표적과 기사에 의하여 확증되었다하여 지금도 복음 증거자들의 신적 권위가 성령의 능력없이 자동적으로 확증되는 것이 아니라고 한다면, 어떻게 성령의 능력의 은사들이 중단되었다고 주장할 수 있을 것인가?

Ⅳ. 말씀 증거의 내용

하나님의 말씀이 힘 있게 흥왕하여 세력을 얻으려면 증거되는 내용이 무엇보다 중요하다. 사도행전 1장 8절과 28장 31절에서 기자인 누가가 밝히고 있는 바에 의하면 사도들은 예수님의 가르침처럼 하나님의 나라에 관한 일들을 증거하였다.

배드로의 설교를 보면, 하나님은 예수 그리스도를 통하여 이 땅에서 큰 권능과 기사와 표적을 행하셨으며(행2:22) 이 예수를 십자가에 못 박혀 죽게 하시되 죽음에서 부활케 하며(행2:23, 24) 주와 그리스도가 되게 하셨고(행2:36) 이 예수 그리스도의 이름으로 죄 사함과 구원을 베풀어(행2:38, 40) 이로써 만유가 회복되게 하셨다(행3:21). 베드로의 설교는 5장 30, 31절에 이렇게 요약되어 있다. "너희가 나무에 달아 죽인 예수를 우리 조상의 하나님이 살리시고 이스라엘로 회개케 하사 죄 사함을 얻게 하시려고 그를 오른손으로 높이사 임금과 구주를 삼으셨느니라." 이 세상의 임금과 구주되신 예수 그리스도를 통해 하나님은 마귀의 세력을 꺾으시고, 마귀가 사용하는 무기인 죄로부터 자기 백성을 해방시켜 생명의 길로 인도하신 것이다(행10:38, 43).

바울의 설교도 베드로의 경우와 거의 같다. 하나님이 자기의 약속대로 다윗의 씨에서 구주를 세우셨고, 이 구주가 바로 예수이며, 이 예수는 죄가 없어도 십자가에서 못 박혀 죽고 부활하셨는 바 이 예수를 힘입어 죄 사함을 받아 의롭다 함을 얻는다는 것이다(행13:16~41).

베드로와 바울이 전한 복음은 예수 그리스도의 죽음과 부활을 통하여 죄와 죽음 그리고 그것의 권세잡은 자인 마귀가 꺾임으로 죄 사함과 의로움이 자기백성에게 주어져 하나님과의 생명의 교제가 풍성하게 이루어진다는 것으로서, 본질적으로 구원론적이요 종말론적이며 하나님의 승리적 통치에 관한 것이다.

이 두 사도들이 전한 복음은 그들의 서신들에 더 상세하게 소개되어있다. 베드로가 쓴 서신에 보면, 그리스도의 보배로운 피로 가능케 된 구원이 종말론적인 것이요(벧전1:5), 그 구원으로 말미암아 우리가 왕 같은 제사장, 거룩한 나라, 그리고 하나님의 소유된 백성이 되었다(벧전2:9)고 말씀되어 있다. 그리고 이 구원을 인하여 진리를 순종함으로 영혼을 깨끗케 할 뿐 아니라(벧전1:22), 육체의 정욕을 제어하여(벧전2:11) 음란, 방탕, 연락을 멀리하게 되고(벧전4:3) 인간이 세운 모든 제도를 순종하여 윗사람과 아래 사람간의 질서와 남편과 아내 간의 관계가 회복되는 것이다(벧전2:13 ; 참고, 2:18~3:7). 그래서 예수의 재림을 대망하는 가운데 믿음과 인내와 경건과 사랑의 삶을 살아야 할 것을 베드로는 간절히 당부한다(벧후1:6~9 ; 3:8~13).

바울의 서신은 베드로의 것에 비하여 우선 분량 면에서 많으므로 복음의 내용도 더 상세한 편이다. 특별히 바울은 사탄이 무기로 삼고 있는 죄가 그 성격에 있어서 종교적이면서도(롬1:21~23) 사회적으로 구조적인 악의 차원으로 늘 발전한다는 사실(롬1:28~32)을 강조하며, 예수 그리스도로 말미암은 구원이 개인의 영혼을 위한 것이면서도(롬3:24~26 ; 8:10) 또한 몸이 사는 것을 의미하고(롬8:11, 23), 그 구원이 모든 피조물의 회복을 목표로 하고 있음을 밝히고 있다(롬8:19~21). 물론, 바울은 구원을 인간관계의 회복과 관련짓고 있음은 말할 것도 없다(엡5:21~6:9).

V. 성령과 코이노니아(사귐)

하나님의 진리의 말씀이 죄에서 자유케 함으로 말미암아, 하나님과 사람 사이, 사람과 사람 사이, 그리고 사람과 자연 사이의 막힌 담이 헐리고 멀어진 거리가 없어지며 성령의 교통케 하심을 따라 화평케 된다(참고, 엡2:13~18). 이로써 교회의 질서와 순결이 유지되어 교회가 든든히 서 간다.

사도행전의 초대교회는 교회의 질서와 순결을 유지함에 있어서 우선 성령을 속이는 일을 용납하지 아니했다. 아나니아와 삽비라 부부가 자기의 재산을 팔아 그 값에서 얼마를 감추었을 때 그것이 바로 성령을 속이는 죄악이요, 이로써 성령 공동체의 질서와 하나됨이 파괴될 수 있으므로 그 부부를 죽게 하였다(행5:1~11). 이로써 교회가 마음을 다 하나로 같이 할 수 있게 되었다(행5:12).

둘째로, 가난한 과부들을 구제하는 일이 시비와 원망을 불러일으키자 성령과 지혜가 충만한 집자들을 세웠다(행6:1~6). 이로써 하나님의 말씀이 점점 흥왕해지고 제자들의 수가 더 심히 많아졌다(행6:7).

셋째로, 교회의 질서를 위하고 교회를 잘 치리할 수 있도록 장로와 감독자를 세웠다(행14:23 ; 20:28).

넷째로, 교회가 사도의 가르침을 받아 힘써 기도하고 교제하며(행2:42) 물질로 서로 섬기는 가운데 한 마음과 한 뜻이 되었다(행4:32).

다섯째로, 이방인 형제들과 유대인 형제들 간에 교리적인 편견과 차이가 있을 때 교회가 서로 모여 하나님의 말씀의 권위에 순복하고 피차간의 덕을 고려하여 적절한 교리를 제정함으로써 교회의 분열을 예방했다(행15:1~31).

이상에서 보면, 하나님과 사람 사이의 코이노니아를 위해서는 성령을 속여서는 안 된다. 하나님의 것으로 바치기로 한 것을 다시 자기의 것으로 취하는 것은 탐욕의 죄로 인하여 하나님의 권위와 존귀를 무시하는 것이 된다. 이로 보건대, 인색한 헌금은 하나님과의 코이노니아를 파괴하는 것이다.

사람과 사람 사이의 코이노니아를 위해서 가난한 자들의 입에서 불평의 소리가 나와서는 안 된다. 가난한 자들을 세심하게 섬겨야 교회의 질서가 유지되고 한 마음 한 뜻이 되는 것이다. 또한 교리적인 일치와 합의가 있을 때 교회가 평화를 누린다. 사람과 자연 사이의 코이노니아를 위해서 자연이 각종의 환경오염으로부터 보호되어야 한다(참고, 롬8:21).

이로 보건대, 하나님과 사람 사이, 사람과 사람 사이, 그리고 사람과 자연 사이의 코이노니아가 성령과 예수 그리스도로 말미암아 이루어질 때 하나님의 말씀이 세력을 얻어 교회가 견고해지는 것이다.

VI. 성령과 디아코니아(섬김)

하나님의 말씀이 선포되고 성령이 하나되게 하심이 있으면 그로 말미암아 성도들 간에 서로 섬김이 있어야 마땅하다. 즉, 케리그마와 코이노니아를 통해서 디아코니아가 열매를 맺어야 하는 것이다. 초대교회의 경우를 보면, 성령이 교회 위에 임하자 교회가 사도들의 가르침을 받아 성령으로 교제하며 성도 간에 피차 물질로 섬기는 역사가 일어났다(행2:42~47 ; 4:32~35).

그래서 교회가 체계적으로 매일 가난한 자들을 물질로 섬겼다(행6:1~2). 특별히, 아무데도 의지할 곳이 없고 나이가 많아 노동 능력이 없어 사회적으로 뿐만 아니라 경제적으로도 소외되기 쉬운 과부나 고아들을 구제하였다(참고 : 딤전5:3~10 ; 약1:27).

또한 교회의 성도는 개인적으로도 선행과 구제에 힘써야 한다. 다비다라 하는 도르가가 성도 섬기는데 헌신적이었고(행9:36) 바울 사도 역시 그러했다(행20:35).

그리고 교회적으로도 필요에 따라 섬김을 힘써 베풀어야 한다. 예루살렘 교회가 큰 기근으로 어려움이 있을 때 이방의 교회들이 헌금을 모아 보내어 섬겼다(행11:29, 30 ; 12:25. 참고 : 롬15:25~27, 31). 그래서 바울은 성도를 섬기는 일이 은혜요(고후8:4), 이로써 사랑의 진실함이 증명된다고 말했다(고후8:8). 또한 성도를 섬기러 내는 연보(헌금)를 복이라고 했다(고후9:5). 즉 헌금을 가지고 어려운 성도를 섬기는 일은 하나님의 은혜요, 복을 함께 나누는 일인 것이다. 그런 까닭에 이 섬김을 통하여 교회가 전체적으로 부요해지고 복스러운 삶을 누리게 된다(고후8:14 ; 9:12~15).

Ⅶ. 성령충만을 위한 조건

1. 성령충만을 소원하며 기다린다. 예수님께서는 제자들에게 하나님 아버지께서 약속한 성령을 간절히 기다리라고 명하셨다(눅24:49 ; 행1:4). 이로 보건대, 성령으로 충만하기를 소원하며 기다리는 것이 필요한 것이다.

2. 성령충만을 위하여 힘써 기도한다. 예수님의 제자들은 예루살렘의 마가의 다락방에서 120명이 모여 10일 동안 마음을 모아 성령 받기를 위해 전적으로 힘써 기도했다(행1:14). 예수님은 평소에도 성령 받기 위하여 구하고 찾고 문을 두드리듯이 간구하라고 말씀하셨다(눅11:9~13). 제자들이 성령받기를 위하여 기도할 때 그들에게 성령이 임했던 것이다(행2:3 ; 4:31 ; 8:15~17). 제자들은 수시로 안수 기도하여

성령이 임하시는 것을 체험하기도 했다(행6:6 ; 8:17 ; 9:17 ; 19:6 ; 딤후1:6).

3. 회개하고 하나님의 말씀을 들을 때 성령을 받는다. 예루살렘의
사람들은 베드로의 설교에 마음이 찔려 회개하였다(행2:38). 그들이
회개하고 하나님의 말씀을 겸허하게 들을 때 성령이 그들에게 임했
던 것이다(행3:19 ; 10:43, 44 ; 11:15 ; 15:7~8 ; 갈3:2~4, 14).

4. 예수 그리스도를 영접하여 믿을 때 성령을 받는다. 이방인들
이 베드로의 복음 제시를 통해서 주 예수 그리스도를 믿을 때 성령
을 선물로 하나님이 쏟아 부어 주셨다(행11:17). 그리고 예수님을 사랑
하며 그의 계명을 지키는 자가 성령 충만을 받는다(요14:23). 베드로의
경우를 보면, 그는 예수님을 사랑했다(요21:15). 예수님을 사랑하기에
그의 말씀대로 성령을 기다리며 기도하여 성령을 베드로가 받았던
것이다(행2:4 ; 3:33 ; 4:8).

이상의 조건들에 대하여 전혀 모르는 기독교인은 사실상 거의 없
을 것이다. 그러나 이를 열심히 실천하여 성령을 충만하게 받는 사람
은 많지 않다. 성령 충만은 하나님의 은사이므로 하나님이 주시고자
하는 자에게 베풀어주신다(행2:38 ; 10:45 ; 11:17 ; 고전11:11). 우리에게 성
령을 사모하는 마음과 열심이 부족한 것이 문제이다. 하나님은 열심
히 성령의 선물을 구하는 자에게 주신다(눅11:9~13 ; 행1:14).

한편, 신학적으로 성령 세례의 개념을 좁은 의미의 중생과 동일시
하는데 그치고, 사도행전의 성령 세례가 사도들에게만 특별하게 일
시적으로 주어졌던 것으로 이해하는가 하면, 오늘날에는 그 성령 세
례 대신에 성령충만(또는, 성령의 강권적인 인도하심)만 받으면 되는 것으

로 교회들이 가르치고 있는데 문제가 있다. 일반적으로 많은 신학자들이 이해하고 있는 바 성령충만의 개념은 성령으로 회복된 윤리적 관계와 생활에서 성령의 인도를 받는 것을 뜻한다. 그들은 성령으로 우리의 가슴이 뜨거워지는 일이나(눅24:32) 성령 받으면 찬송이 터져나오고 담대하여지며(행2:47 ; 10:46), 많은 표적과 기사를 행하는 일이 있게 된다는 것(행2:43 ; 4:30 ; 5:12) 등을 외면한다. 그러나 사도행전에 나타난 성령의 부어주심과 능력의 역사들은 지금도 교회 안에서 계속적으로 경험되어야 하는 것이다.

결론

성령이 임하시면 성령의 권능으로 하나님의 말씀이 권세있게 선포되고, 그 말씀의 신적 권위가 입증됨으로써 교회가 성장 발전하고 든든히 서 간다. 말씀 선포 곧 케리그마는 성령의 교제 곧 코이노니아의 틀을 만들고, 사랑의 코이노니아에 의하여 그 권세가 입증된다. 그리고 코이노니아는 은혜의 섬김 곧 디아코니아의 마당을 만들고, 은혜의 디아코니아에 의하여 그 진실성이 드러난다. 따라서 이 세 가지가 균형있게 시행됨으로써 교회가 권세와 진실성을 갖추고서 발전하게 되는 바, 교회는 특별히 담대한 말씀선포를 위해 성령세례를 받아 성령충만하여 권능을 체험해야 한다. 성령의 권능체험과 말씀선포는 교회 역사상 항상 계속적으로 함께 한다. 이점에서 한국교회는 성령의 세례 및 충만과 은사에 대한 워필드의 부정적인 견해를 재검토하여 바로 잡아야 할 것이다.

2. 기독교의 세속화와 복음주의 영성

서론

'개독교' [1] 세속화된 기독교를 두고 적그리스도인들(anti-Christians)이 조롱하여 만든 불명예스런 인터넷 신조어이다. 그리스도 예수 안에서 거룩하여지고 성도라 부르심을 입은 자들(고전 1:2) 곧 하나님의 영광스러운 교회(엡 5:27)가 천하고 더러운 똥개처럼 적그리스도인들에게 비쳐지고 있다는 것은 그리스도인들에게는 엄청난 수치가 아닐 수 없다,

그리스도인들은 이 시대가 말세의 징조들이 확연하게 나타난 종말의 시대요 세속화의 시대라고 진단하고 있으나, 적그리스도인들은 이 시대가 세속화된 원인이 기독교에 있다고 생각한다. 적그리스도인들이 기독교를 '개독교'로 폄하하고 있는 것은 분명히 악의적인 것이지만, 기독교가 오늘날 세속화되어 있는 현실에 대해서 아무도 부인할 수가 없다. 그러므로 기독교는 적그리스도인들에게 자기변명을 늘어놓기보다는, 세속화된 기독교를 반성하고 본래의 모습을 되찾아야 한다.

최근에 기독교는 경건 및 성화와 밀접하게 관련이 있는 영성(靈性, Spirituality)을 통해서 세속화된 기독교의 영광스러운 모습을 되찾으려 하고 있다. 그러나 영성에 대한 개념이 제대로 정립되어 있지 아니하여 혼란이 가중되고 기독교의 세속화를 가속화시키고 있는 듯하다.

이같은 까닭에, 영성에 대한 개념상의 혼란을 피하기 위하여 복음주의적 관점에서 성경적으로 세속화와 영성을 정의하였다. 또한 복음주의적 영성을 좀더 사실적으로 이해할 수 있도록 하기 위해 세상에서도 복된 그리스도인으로 인정받은 두 분을 한국과 미국에서 뽑아 소개했다. 한 분은 일제 강점과 6.25 전쟁 등으로 이 나라가 혼란했던 때 광주 사회와 교계에서 빛과 향기를 발하셨던 오방 최흥종 목사이다. 그리고 다른 한 분은 아브라함 링컨의 흑인 노예 해방 후 혼란했던 미국 남부 사회에서 훌륭한 삶을 살았던 땅콩박사 조지 워싱턴 카버이다. 이 두 분의 믿음과 삶을 통해서 복음주의 영성을 제시하였다.

세속화를 정의함에 있어서는 인류가 하나님으로부터 멀리 떠남으로 하나님의 영광을 상실하고서 어떻게 세속화의 늪에 빠지게 되었는가를 성경적으로 살폈다. 또한 비성경적인 신학과 교리로 말미암아 교회가 세속화됨으로 인하여 세상을 더욱 세속화시킨 사실을 다루었다. 이와 함께 로마서에 근거하여 세속화의 원인이 되는 불경건과 불의의 죄를 상세하게 기술하였다.

세속화된 기독교를 바로 세우는데 필요한 영성에 대해서는 먼저 비성경적인 영성과 복음주의적인 영성을 대조하여 개념을 정리하였다. 복음주의 영성의 경우는 칼빈과 칼빈주의자인 조나단 에드워즈에게 크게 의존하였다.

끝으로, 오늘 한국 기독교의 당면 과제를 하나님 나라와 관련지어 기술하였다. 특별히 자유주의 신학 뿐 아니라 성경적으로 편견에 사로잡혀 있는 보수주의의 개인주의적 신학과 교리 및, 이슬람과 이단과 적그리스도인들의 연합 공격을 염두에 두고 당면 과제를 제시하였다.

I. 세속화된 기독교와 영광스러운 그리스도인

흑인에 대한 인종 차별이 유별나게 심한 미국 남부 지방의 세속화된 기독교를 극복하고서 흑백 모두의 삶의 향상을 위해 평생을 바친 땅콩박사 조지 워싱턴 카버와, 일본제국의 식민통치 강점기에 신사참배를 결의하여 신앙의 지조를 굽힘으로 세속화된 한국 기독교를 극복하고 세상의 빛과 소금 역할을 해낸 오방 최흥종 목사의 신앙의 삶을 소개한다.

1. 땅콩박사 조지 워싱턴 카버
(George Washington Carver ; 1860 ?-1943)[2]

아브라함 링컨(1809-1865) 대통령의 노예 해방 선언에도 불구하고 미국 남부 지방은 흑인 노예들에 대한 약탈과 차별이 심하였다. 1860년 초 미주리주의 다이아몬드 그로브 마을 근방에서 모세스 카버라는 농부의 한 흑인 여자 노예의 유복자로 갓 태어난 조지 카버는 어머니를 백인 약탈자들에게 빼앗기고 모세스 카버의 집에서 자라났다. 그는 생일도 모른 채 태어나 주인의 성을 따라 부모 없이 자라났던 것이다.

그는 어려서부터 배움에 대한 재능과 열심이 대단하여 1875년 링컨학교에서 교육을 받기 시작하면서 신앙생활도 마리아 왓킨스 부인의 호의로 감리교회를 다니게 되었다. 그때 그 부인으로부터 선물로 받은 성경을 평생 읽었다. 1880년 시모어 부인의 호의로 미네아폴리스에서 고등학교에 입학하였고, 그때는 장로교회를 다니게 되었으며, 그때부터 조지 워싱턴 카버로 불리었다.

그후 하일랜드에 있는 장로교회 계통의 대학의 입학 허가서를 받고서도 흑인이라는 이유로 입학 거절을 당하는 아픔을 겪었으나, 1888년 아이오와주의 한 마을의 침례교회를 출석하던 중 사귄 존 민홀랜드 부부의 도움으로 1890년 9월 감리교회 계통의 심슨대학교에 최초의 흑인 학생으로 입학하였다. 그때 그의 나이는 30세쯤 되었다.

조지는 그 대학교에서 미술 선생인 버드의 추천으로 에임스에 있는 아이오와 농과대학으로 1891년 전학하였다. 1894년에 최우등생으로 졸업하고, 파멜과 월러스 교수 밑에서 농업과 식물세균학에 관한 논문으로 1896년 석사 학위를 받았다. 그는 아이오와 농과대학에서 식물학, 동물학, 미생물학, 곤충학, 화학, 해부학 뿐 아니라 혁신적인 농사법을 공부하였으며, 탁월한 농학자로 교수들에게서 인정을 받았다.

그해 10월 당대의 최고 흑인 지도자였던 부커 T. 워싱턴이 조지 워싱턴 카버를 흑인들의 학교인 터스키기 학교로 초빙하였다. 그는 이 학교에서 죽을 때까지 46년 동안 목화와 땅콩과 고구마 등에 관하여 수많은 연구를 통해 백인종과 흑인종이 함께 평화롭고 평등하게 더불어 살 수 있는 날이 오게 하는데 크게 공헌하였다.

그의 삶과 믿음을 살펴보면, 그는 오직 성경 중심으로 땅과 관련된 농학을 연구하고 창조주 하나님을 믿는 믿음으로 살았다. 그는 수 십년 동안 터스키기 학교에서 주일저녁에 성경을 정규 과목으로 가르쳤다. 그가 1921년 미국 하원의회에서 연설하던 때 한 의원의 질문에 답하면서 자기의 모든 연구는 성경책에서 배운 것이라고 한 일화는 그가 얼마나 성경에 철저했는가를 보여 주었다. 그는 흑인들을 향상시키는 근본적인 지혜와 힘의 근원이 성경 교육임을 믿었다.

조지 워싱턴 카버는 흑인이라는 이유로 평생토록 심한 차별을 당했다. 대학입학 허가서를 받고서도 입학식 당일 학장에게서 입학을 취소당했는가 하면, 심슨대학교에서는 식당 홀에서 식사하는 것이 얼마동안 허락되지 아니했고, 그가 유명한 농학자로 각종의 강연에 초청되었을 때에도 점심시간이 끼어 있을 경우 미리 다른 곳에서 식사하고 참석해야 했다. 때로는 강연장이 있는 호텔 문전에서 수위에게 봉변을 당하기도 했다. 그러나 그는 백인들을 저주하거나 욕하지 아니하고, 인종문제에 대해서는 전혀 언급도 하지 아니했다. 그는 모든 인류를 사랑으로 섬겨 빈곤에서 해방시키고 창조주 하나님의 영광과 인류의 생활 향상과 유익을 위해 농업과 관련된 분야를 연구하는 데만 온 힘을 기울였다.

그는 땅콩을 가지고 105 가지의 식품과 200여 가지의 생활용품을 개발하였고, 고구마로 118가지의 식품과 관련된 제품을 연구해냈으며, 여러가지 식물에서 536 가지의 물감을 만드는 방법을 알아냈지만 한 가지도 특허권을 주장하지 아니했다. 그는 누구에게나 이 연구물들을 자유롭게 활용할 수 있게 하고, 필요한 자료와 자문을 제공하였다. 그러나 어떠한 보상도 받지 아니했다. 그는 봉급도 초임(주급 29달러)을 죽을 때까지 인상하지 못하게 하고 그 액수로 만족했다. 그는 하나님으로 만족하고 즐거워하였다. 그는 예수 그리스도의 십자가의 대속의 사랑과 은혜를 알고 믿었을 뿐 아니라 십자가의 희생정신을 따라 살았던 것이다. 그의 신앙은 '오직 성경' '오직 예수 그리스도' '오직 하나님의 은혜' '오직 믿음' 그리고 '오직 하나님의 영광' 등을 중심으로 하였다.

2. 오방 최흥종 목사 (1880-1966)[3]

고종 때 영의정에 올라 갑오경장을 단행하였으나 친로파에 의해 참살 당한 김홍집이 일본수신사로 다녀오던 해인 1880년 최흥종은 영종이라는 이름을 가지고 광주에서 태어났다. 6살 때 어머니를, 그리고 19살 때는 아버지마저 여읜 영종은 어렸을 때 뿐 아니라 청년이 되어 결혼한 후에도 엄한 새 어머니의 구박 때문에 건달로 살았다.

그는 아버지가 제법 재산이 많았기에 어려서 서당에서 한문을 배웠기 때문에 무식하지는 아니했다. 그는 1904년 25세의 나이에 광주에 갓 정착한 선교사들의 건축을 못하게 훼방을 놓다가 김윤수의 전도를 받아 유진 벨(한국명, 배유지)을 통해 예수 그리스도를 믿게 되었다. 그는 벨 선교사가 준 성경을 엿새 만에 통독하고서 술과 담배를 끊을 뿐 아니라 건달 생활도 청산하였다. 그는 새사람이 되었던 것이다.

그는 새사람이 되고 나서 가족들의 생계에 대한 책임을 처음으로 느끼게 되었다. 그때 선택한 것이 순경이었다. 그 당시 순경이 하는 일은 항일 의병들을 검거하는 앞잡이 노릇이었다. 그는 여러 차례 기지를 발휘하여 검거된 의병들을 풀어주기도 했으나 신앙 양심상 부끄러워 2년쯤 후에 순경을 그만 두었다. 그리고는 양림동의 선교사들의 거처에서 그들을 돕는 일에 전념하게 되었다.

1907년 최흥종의 삶을 완전히 바꾸어 놓는 계기가 된 사건이 있었다. 유진 벨 선교사와 함께 의료 선교를 하던 오원 의사가 위급하게 되자 목포에 있던 포사이트를 광주로 오게 하였는데, 그때 김윤수가 최흥종을 데리고 포사이트를 마중 나갔다. 광주로 오던 길에 포사이트가 추운 겨울 길모퉁이에서 도움을 청하는 한 여자 나환자를 발견하자 말에 태워 데리고 가자고 제안했다. 그때 포사이트는 최흥종에게 그 나환자의 피고름 묻은 지팡이를 집어주라 하였다. 그 여자 나환자는 7일 만에 죽었지만 그 여자의 죽음이 계기가 되어 포사이트와 선교사들이 광주 양림동에 나환자 집단 수용소를 만들어 적극적으로 치료하게 되었다. 최흥종은 그 여자 나환자의 지팡이를 버리지 않고 자기 집에 보관하였다. 피고름 묻은 그 지팡이가 최흥종의 삶을 변화시킨 하나님의 증표였던 것이다. 이때 새사람이 되겠다는 다짐과 함께 이름을 영종에서 흥종으로 바꾸었다.

이후로 최흥종은 광주 제중원(현 기독병원)에서 나환자 치료를 위해 포사이트와 윌슨 그리고 서서평 간호사와 함께 헌신하였다. 그는 특별히 윌슨선교사로부터 4년 동안 의료를 개인지도 받아 상당한 수준의 진료를 하고 수술도 하였다. 그는 1912년 평양신학교에 입학하여 한일합방 이후의 어려운 정치 상황으로 인하여 1921년에야 비로소 신학교를 졸업했다. 졸업하던 해 목사 안수를 받고 광주북문밖교회(현 중앙교회) 초대 담임목사로 부임하였다. 그는 우선 박화성을 유치원과 야학 교사로 초빙하고, 남궁혁과 함께 광주부인회를 결성하였다.

최흥종은 목사 되기 전 3.1운동에 연루되어 1년 4개월의 옥고를 치르고 석방되던 해인 1920년 광주 YMCA를 창설하는데 중심적 역할을 하였다. 그때 기독교가 사회운동에 적극 참여하여 퇴폐와 허무주의에 빠져있는 한국 사회를 계몽하고 개조할 것을 그는 역설했다.

이를 위해 우선적으로 복음화 운동에 중점을 두되, 농업을 하나님 섬기는 일로 생각하여 야학운동, 농사법 지도, 농촌 계몽운동, 빈민구제 실천 운동을 병행하였다. 그리고 1921년 노동공제회를 결성하여 회장직을 맡았고, 1922년에는 시베리아 선교사로 1년 남짓 고려인들을 섬겼다. 1923년 귀국하던 해에는 소작법 개정운동을 벌였다.

또한 광주 봉선리 나환자촌에 신학연구기관을 설립하여 30명의 나환자에게 기본적인 신학교육을 시켜 나환자들에게 복음을 전하게 했다. 그리고 1924년에는 여수 율촌 신풍리에 40만㎡의 넓은 땅을 구입하여 애양원을 만들어 600명의 나환자들이 농사와 원예와 축산을 통해 자활할 수 있게 하였다. 그러나 그것으로도 부족하여 1933년에는 "구라대행진"을 벌여 총독부로부터 소록도 나환자 갱생원 설립을 약속받아냈다. 이 갱생원은 1939년에 설립되었다. 그는 1933년에 광주 경양방죽에 걸인촌을 만들어 날마다 광주중앙교회 성도 중심으로 수백명의 걸인들을 위해 점심을 제공하였다.

그러던 중 최흥종은 교회가 세속화되어 신사참배를 결의할 움직임을 보이자 스스로 거세 수술하고 호를 '오방'[4]이라 하고 1935년 사망통고서를 여러 사람들에게 보내고 교회 목사직과 여타의 직분을 사퇴하고 은거하기 시작했다.

그 후 1944년 광주의학전문학교(현 전남대학교 의과대학)의 설립 기금 조성을 위해 중국 상해에 가서 손창식으로부터 1백만 달러를 희사받았다. 나환자 뿐 아니라 각종 질병 치료를 위해 의사들을 전문적으로 양성할 필요 때문이었다.

해방 이후로는 전남건국준비위원회 위원장으로 추대되었는가 하면, 김구 등과 함께 통일조국을 염원하였고, 6.25 사변 이후로는 폐결핵 환자 치료에 헌신하였다. 1962년 대한민국 국민훈장을 받고, 1966년 5월 18일에 별세하였다. 그의 장례는 사회장으로 거행되었고, 1997년 대전 국립묘지로 이장하였다. 그는 참으로 하나님을 경외하고 병든 자들을 사랑하였으며 땅을 사랑하였다. 그는 세상을 변화시키는데 헌신하였다. 그의 삶은 어두운 역사 속에 찬란한 빛이요 향기였다.

II. 세속화의 정의

성경의 역사를 보면 아담과 하와가 범죄하여 타락한 후 얻은 첫 아들 가인에게서부터 세속화 현상이 나타났다. 아담은 아들을 얻고서 하나님의 은혜에 감사하여 그 이름을 가인이라 하였다(창 4:1). 가인과 아벨이 하나님께 제물을 드린 것으로 보아 아담은 자녀들에게 하나님을 경외하고 예배할 것을 가르쳤던 것이다. 첫째 아들인 가인이 아벨과는 달리 믿음이나 감사가 없이 하나님께 제물 곧 예배를 드리자, 하나님은 가인과 그의 제물을 받지 아니하셨다. 이에 가인이 하나님께 분노하였다(창 4:5). 세월이 조금 지난 후, 가인은 결국 동생 아벨에게 분풀이하여 그를 돌로 쳐 죽이고 말았다(창 4:8). 그리고서는 여호와의 앞을 떠나 에덴 동편 땅에 성을 쌓고서 자녀들을 낳았다. 그 자녀들 중에는 육축 치는 자의 조상, 악기를 다루는 자의 조상, 각종 기계를 만드는 자가 있어, 그들의 삶은 여러 가지로 부요하였다. 그러나 라멕과 같은 자는 여러 아내를 두었고 지나치게 보복 행위를 일삼았다(창 4:16-24).

이렇듯 가인과 그의 후손들은 하나님을 떠나서 하나님 없이 살았다. 이처럼 하나님을 떠나 하나님 없이 사는 것(alienation from God)이 세속화의 시작이다.

이같은 세속화 현상은 그후로 발전하여 에녹의 시대에는 사람들이 불경건하고 강퍅하여 원망하고 불만을 토하여 정욕대로 행하였다(유 1:15-16). 그리고 노아 시대에는 권세 있는 자들이 힘없는 자를 약탈하고 착취하였는가 하면,[5] 마음의 생각의 모든 계획이 항상 악하고 강포가 땅에 충만하였다(창 6:5, 11-13). 이와 같이 사람들이 하나님을 떠나 하나님 없이 살므로 자기 밖에 모르고(bondage to ego) 하나님을 대적하는 것(conflict with God)이 세속화의 진전된 형태이다.[6]

세속화의 절정은 하나님의 영광의 상실이다(롬 3:23). 엘리가 제사장이던 사무엘 시대에는 '여호와의 말씀이 희귀하여 이상이 흔히 보이지 아니했다'(삼상 3:1). 엘리는 하나님보다 자기의 아들들을 소중하게 여긴 나머지 그들이 여호와의 제사와 성전을 더럽히는데도 전혀 개의치 아니했다(삼상 2:29). 그 결과 블레셋과의 싸움에서 엘리의 두 아들이 죽임을 당하고 하나님의 언약궤를 빼앗겼다. 그 패전의 소식을 듣자 엘리는 자기 의자에서 자빠져 목이 부러져 죽고, 며느리는 출산하다가 죽었다. 그 며느리가 죽으면서 그 아들의 이름을 '이가봇' 곧 '하나님의 영광이 이스라엘을 떠났다'고 지었는 바, 그 이름이 그 시대의 세속화를 잘 표현하였다(삼상 4:21). 이처럼 하나님의 영광이 떠나고 없는 것이 세속화이다. 이 세속화는 로마서 1:21에 비추어 보면, 하나님을 알만한 지식을 가지고 있으면서도 하나님께 영광을 돌리지 아니하고 감사하지 아니하며 그 생각이 허망하고 미련한 마음이 어두워진 것을 가리킨다.

Ⅲ. 세속화의 원인 : 죄

하나님을 떠나서 하나님 없이 살고, 하나님보다 자기를 사랑하여 이기적으로 살며, 하나님과 원수가 되어 사는 것이 세속화 곧 죄이다. 이 죄는 바울에 의하면 불경건과 불의이다(롬 1:18). 바울이 말하는 바 불경건은 본래 하나님의 사랑을 알지 못하는 것을 뜻한다.[7] 그래서 불경건은 하나님께 대한 불경(irreverence)이다(딤후 2:16; 딛 2:12). 이에 비하여 불의는 하나님의 거룩한 율법에 대한 불경이다(롬 1:29; 9:14). 이 둘은 다같이 하나님께 대한 무신앙(irreligion)과 반역(rebellion)이며, 불의가 예배의 악화(perversion)인 불경건으로부터 생겨난 것이다.[8]

로마서 1:19-23에 보면, 불경건은 하나님의 사랑을 알지 못하여 하나님께 영광과 감사를 돌리지 않고, 영광과 진리의 하나님을 거짓된 우상으로 바꾸어 섬기는 거짓된 불경이다. 다시 말해서, 하나님을 사랑하지 아니하여 마음으로 하나님을 예배하지 않는 바 형식화된 예배와 거짓된 우상숭배가 불경건인 것이다.

이에 비하여 로마서 1:24-32에 보면, 불의는 불경건한 자들이 하나님께 버림을 당하여 마음의 정욕대로, 부끄러운 욕심대로, 그리고 상실한 마음대로 즉 자기의 감정대로 행하는 각종의 악한 행위들이다. 다시 말해서, 하나님을 떠나서 하나님 없이 행하고, 하나님의 말씀을 따라 다스림을 받지 않고 제멋대로 사는 것이 불의인 것이다.

하나님이 인간을 창조하신 목적대로 하나님께 영광과 찬송과 감사를 돌리는데 실패하여 불경건(impious)하면, 그 결과 인간은 미련해진다(foolish). 그리고 더러운(dirty 또는, impure) 욕정에 빠지고, 부끄럽고 천박한(mean 또는, degrading) 정욕에 사로잡히며, 부패 타락한(lost 또는, depraved) 마음대로 막된 삶을 산다. 하나님을 마음에 두기 싫어함으로 하나님께 마음을 주지 않으며, 이로써 마음대로 막된 삶을 사는 것이다. 예배하기를 거부하는 불경건이 발전하여 더럽고 천박하고 부패 타락한 정욕대로 사는 불의가 된다. 이로 보건대, 세속화는 불경건과 불의의 죄로 말미암는다.

이 불의는 첫째로 이기적 탐욕이다. 모든 추악, 탐욕, 악의로 가득차 있다. 둘째로 물리적 폭력이다. 시기, 살인, 분쟁, 사기, 악독 등 각종의 폭력적 행동을 일삼는다. 그리고 셋째로 내면적 부패이다. 교만, 허풍, 부모 거역, 무정함과 무자비이다.

로마서 1:19-32를 정리해 보면, 세속화의 근본 원인은 불경건이고, 직접적인 원인은 이기적 탐욕이며, 간접적 원인은 성적 부패와 정욕이다. 이같은 세속화가 사랑이 식어 고통하는 말세의 징조인 것이다(딤후 3:1-4).

IV. 기독교의 세속화 현상

하나님을 떠나 하나님 없이 사는 세속이 세속화되는 것은 당연하다 할 것이다. 그러나 세속과 구별될 뿐 아니라 세속을 변화시켜야 할 기독교가 세속에 영향을 받아 세속화되는 것은 통탄할 일이다. 기독교가 세속화됨으로 하나님의 이름이 세속 가운데서 모독을 받고 있으며(롬 2:23-24), 예수 그리스도의 존귀한 이름이 '개독'으로 폄하되고 있는 것이다.

바울의 로마서에 기술되어 있는 바 세속화의 원인인 불경건과 불의의 죄에 비추어 볼 때, 하나님과 예수 그리스도의 이름을 욕되게 하는 기독교의 세속화 현상 가운데 대표적인 것들은 예배의 형식화, 권위주의, 이기적 기복주의, 과소비와 향락주의, 폭력화 경향 그리고 유물론적 사회주의 의식화 등이 있다.[9]

1. 예배의 형식화

교회의 거룩성의 핵심은 주일에 드려지는 공예배이다. 이 예배를 통해서 하나님을 경외하고 영광과 감사를 돌리는 것이 공적으로 표현된다. 이 예배는 하나님께 영광을 돌리는 것(worship) 뿐만 아니라 하나님을 섬기는 것(service)이다. 특별히 섬김의 예배는 하나님께 대해서는 예배이지만, 이웃 동료에 대해서는 섬김이요, 땅에 대해서는 농사를 위하여 기경하는 것(cultivation: 창 2:15)이다.

오늘날 한국 교회의 예배는 하나님을 위하기보다는 사람을 위하는 경향이 있다. 규모가 큰 교회들의 경우 대부분 주일 공예배가 여러 시간대로 나뉘어 드려지고 있다. 이같은 예배 형태는 하나님의 영광을 위하기보다는 사람의 편리를 고려한 것이다. 결과적으로 하나님(예배) 보다는 사람(기복), 이웃(사귐과 섬김) 보다는 자기(개인적 편의), 그리고 자연(노동을 위한 휴식)보다는 육체(오락과 쾌락) 중심으로 주일을 지키게 되기 쉽다. 이같은 불경건한 예배로 말미암아 교회가 세속화 되고 있는 것이다.

그리고 예배당 건물이 성도들을 대신하여 성전으로 여겨지고 있는 까닭에, 성도들의 예배가 하나님을 향하기보다는 예배당 건물 중심이다. 오늘의 한국교회는 예배당을 성전으로 알고 있는 까닭에 예배당 건축에 온갖 정성을 쏟아 붓는다. 건물의 웅장함, 화려함, 고급스러움, 그리고 각종 시설과 기물들의 사치스러움은 상식을 초월하고 있어서 교회다움이 없다. 건물 때문에 하나님께 드려야 할 예배가 방해를 받고 있는 것이다. 성도들의 시선과 관심이 하나님께 있지 않고 건물에 있게 되기 마련인 것이다. 이로써 예배당 건물이 예배뿐 아니라 교회를 세속화시키고 있는 것이다. 교회 안에 경건의 모양은 있으나, 경건의 능력이 없다.

2. 권위주의

교회 안에서 목회자의 권위가 성도들에게서 인정받아야 하는 것은 당연하다(벧전 5:5; 빌 2:29; 갈 6:6). 목회자의 권위는 하나님께서 맡겨주신 말씀인 성경으로 말미암는다. 목회자는 하나님의 복음의 진리인 성경 말씀을 가르치고 전함으로 예수 안에서 성도들에게 아버지의 권위를 갖는 것이다(고전 4:15; "In Christ Jesus I became your father through the gospel").

그런데 오늘날 교회를 섬기는 목회자들이 하나님의 복음의 말씀을 가지고 축복권과 저주권을 남발하여 인간적으로 권위를 높이려 하고 있다. 즉 권위주의에 빠지고 있는 것이다. 특히 부흥사경회를 통해서 목회자들이 내세우는 권위주의는 교회 세속화의 주요한 요소이다. 상당수의 부흥회 강사들은 부흥회 기간에 왕노릇하고, 최고의 대우와 대접을 요구한다. 억지스러운 맹종을 성도들에게 강요하고, 그같은 맹종을 하나님으로부터 복받는 비결이라고 가르친다. 이같은 목회자들의 세속화는 불경건과 탐욕에서 비롯된 것이다.

오늘날 한국교회의 세속화 현상은 성경의 번역과 출판과도 관련되어 있다. 성경 번역과 출판은 누구나 또는 어떤 교회나 기관도 할 수 있다. 그러나 절차와 방법과 내용이 중요한 것이다. 한국교회는 그동안 수십년간 사용해 온 「개역성경전서」(1962년)를 대신할 성경 번역의 필요를 느껴 왔다. 그래서 대한성서공회가 「성경전서 표준새번역」(1993년)을, 한국성경공회가 「하나님의 말씀 신구약성경」(1997년)을, 그리고 대한성서공회가 「성경전서 개역개정판」(1998년 초판; 2000년 재판; 2003년 3판)을 출판하였고, 금년에 한국성경공회가 「하나님의 말씀 바른 성경」을 번역 출판하였다. 이 새 번역판들 가운데 한국성경공회의 「하나님의 말씀 신구약성경」과 대한성서공회의 「성경전서 개역개정판」은 절차와 방법과 내용에 있어서 사실상 제대로 된 것이 아니다. 이 둘은 번역이 아니고 표절로서 하나님의 성경책을 욕되게 한 것들이다. 한국교회의 세속화의 극치이다. 하나님의 말씀의 권위보다는 기관이나 관계자들의 권위와 이해가 앞선 것이다.

3. 이기적 기복주의

하나님은 아담과 노아, 아브라함과 믿음의 조상들 그리고 하나님의 백성들에게 복을 주시기를 기뻐하셨다. 이는 하나님의 나라와 의를 구하고, 하나님을 충만하게 즐거워하도록 하기 위함이었다.

그러나 오늘날 한국 교회는 이기적 탐욕에 사로잡혀 하나님의 복을 추구하고 있다. 눈에 보이는 복을 받은 경우 하나님의 은혜로 믿음이 좋아서 받은 줄로 알고 자랑한다. 물론 하나님은 재물의 복, 건강의 복, 명예와 권세의복, 범사에 형통하는 복(요한삼서 1:2)을 주신다. 그러나 이기적인 탐욕을 충족시키려고 복을 주신 것이 결코 아니다. 하나님을 예배하고, 이웃을 섬기는 가운데 하나님의 복을 나눔으로 하나님의 나라를 선포하도록 하기 위함이다(참고, 마 6:33; 19:21; 고후 8:14).

이같은 이기적 기복주의 때문에 현실적으로 복을 받지 못하면 신앙을 쉽게 포기해 버린다. 또 물질적으로 복을 받으면 개인의 유익과 편리를 위해서만 주로 사용하고, 베푸는 데 인색하다. 유산을 자녀들에게만 물려주고, 사회나 교회에 헌납하지 않는다. 사회 봉사에도 관심이 적은 것이다. 이것이 세속화된 교회의 부끄러운 모습이다.

4. 탐욕과 정욕의 향락주의

예배의 형식화와 이기적 기복주의가 탐욕과 정욕의 향락주의를 결과시키는 것은 당연하다. 하나님을 중심으로 하지 않는 예배, 사회적 봉사에 인색한 기복주의, 그리고 인간 중심의 권위주의는 탐욕과 정욕의 노예가 되어 향락주의로 기울게 되어 있다. 자기를 사랑하는 자는 돈을 사랑하고, 교만하고 감사하지 아니하고 선한 것을 좋아하지 아니하며 하나님보다 쾌락을 더 사랑한다(딤후 3:2-4).

그래서, 근래에 언론매체에 언급되고 있는 사회적 비리에는 흔히 기독교인으로 알려진 자들이 연루되어 있었다. 목회자들과 일반 성도들의 성적 부패와 타락도 사회 문제로 이야깃거리가 되고 있는가 하면, 교회와 성도들의 과소비가 지나치다는 느낌을 일반인들에게 주고 있다. 교회와 성도들이 먹는 음식, 마시는 음료, 입는 옷, 사는 주택, 자녀 교육과 각종 행사와 관련하여 세상 사람들보다 과소비적이고 사치스럽다.

5. 폭력화 경향

불경건하면 은혜와 감사를 모르기 때문에 성격이 사나워져(딤후 3:3, 4), 살인, 분쟁, 시기, 악독 등이 가득하게 된다(롬 1:29). 혀로는 속임을 베풀고, 입에는 저주와 악독이 가득하고, 발은 피 흘리는 데 빠르다(롬 3:13-15).

오늘의 한국 교회 안에는 교단과 교회의 분열이 폭력과 함께 자주 일어나고 있다. 교회 안에서 성폭력과 강압적 이혼, 고의적인 낙태 등도 자행되고 있는 것으로 알려져 있다.

그리고, 남미의 해방신학과 한국의 민중신학의 영향을 받아 사회주의적 의식화가 된 교회나 사람들은 과격한 혁명적 투쟁을 정당화하고 있다. 폭력적 저항이나 반항을 민주주의라는 이름으로 미화하고 있는 것이다.[10] 노아의 시대처럼 오늘날에도 폭력이 온 땅에 충만해 있다(창 6:11, 12).

V. 신학과 교리의 세속화

기독교의 세속화는 기독교의 신학과 교리가 성경과는 거리가 멀게 이탈하여 세속화된 데서 기인하였다. 신학이 세속화됨으로 인하여 기독교 교회가 세속화된 것이다. 자유주의 신학 뿐 아니라 보수주의 신학도 하나님과 하나님 나라의 관점에서만 보더라도 상당 부분 세속화되어 있다.

1. 자유주의 신학의 세속화

웨스트민스터 신학대학원을 설립한 메이첸(J. Gresham Machen)에 의하면 자유주의 신학은 아예 기독교가 아니다.[11] 기독교를 왜곡시켜 세속화된 하나의 이념(ideology)에 지나지 않는다. 한국교회의 경우 자유주의 신학의 대명사인 민중신학은 철저하게 세속화된 사회주의적 이념(ideology)이다.[12]

민중신학은 우선 성경을 하나님의 특별계시의 말씀으로 보지 않고, 민담(민간에 전해 내려오는 이야기)이라고 하는 원계시의 전거(reference, 참고자료)에 지나지 않는다. 성경이 성도들의 신앙과 생활의 표준이나 규범이 아닌 것이다. 이처럼 민중신학은 성경의 가치와 권위를 거부하였다.

민중신학이 말하는 하나님은 성경에 계시되어 있는 유일하신 참 영이신 여호와 하나님이 아니고, 동양의 인내천 사상에 근거하여 사람이 하나님이다. 구체적으로 말하자면, 가정에서는 가장 힘들게 사는 큰 며느리, 사회에서는 가장 억눌려 노동하는 공장 여성 근로자, 그리고 시골 농민이 참된 한울님이요 하나님이시다. 그래서 민중신학이 말하는 메시아 곧 그리스도도 민중이다. 민중이 메시아인 것이다. 그리고 성령은 인간과 세상을 향한 고통과 고난에 참여를 요구하는 희생정신 또는 사회 변혁의 운동이다. 이렇듯 민중신학에는 성경에 계시된 창조주요 섭리주이시요 구속주이신 살아계신 하나님이 아예 배제되어 있기 때문에, 민중신학은 본질상 세속화된 하나의 정치이념이다.

민중신학에 의하면, 이 세상 속에 있는 교회는 인권 회복을 위하여 정치 경제 사회적 구조악을 파괴하기 위하여 싸우는 사회 조직으로서, 민중의, 민중에 의한, 민중을 위한 민주 사회 건설을 주요 기능으로 삼고 있다. 그러기에, 민중을 섬기는 정치 체계가 바로 천국이요 천년왕국이다. 한마디로, 정치 경제적으로 평준화되어 모두 더불어 함께 사는 사회가 메시아 왕국이다.

이같은 시각을 가진 민중신학은 성경이 말하는 죄를 지배계층의 이데올로기를 대변하는 언어요, 사회 경제적 약자인 무산자(프롤레타리아)에게 붙여진 누명으로 간주한다. 따라서 민중신학은 민중을 죄 없는 자로 보고, 사회 경제적으로 비인간화의 굴레 아래 한을 품고 사는 사람으로 보는 것이다. 따라서, 민중의 한을 풀어 주는 사회적 혁명운동 또는 민주화 운동이 천국 운동이다.

이 민중신학은 특별히 그리스도 예수의 십자가의 대속적 죽음을 지배자들의 손에 의해 당한 정치적 살해로 본다. 다시 말해서, 지배자들의 손에 살해된 민중의 죽음으로 이해하는 것이다. 민중신학에는 십자가의 희생정신과 정치적 한은 있으나, 십자가의 대속적 죽음은 없다. 즉, 희생정신의 모범이요 사회적 한을 품으신 피해자로서의 예수 그리스도는 있으나, 죄에서의 자유를 성취한 구속주 그리스도 예수는 없다.

이상에서 본 대로, 민중신학은 기독교가 아니라, 하나님을 떠나 하나님 없이 행동하는 바 세속화된 사회주의 이념과 운동에 지나지 않는다.

2. 보수주의 신학의 세속화

신구약 성경의 중심 주제는 하나님의 나라이다. 그 나라를 이 땅에 임하게 하시고, 장차 완성하실 분이 바로 예수 그리스도이시며, 그 나라의 축복에 참여하는 백성이 바로 교회이다.[13] 교회는 이미 (already)이 땅에 시작된 하나님의 나라 안에서 장래 임할(not yet) 하나님 나라의 완성을 기다리고 있는 것이다. 그래서 예수 그리스도 께서는 이 땅에 오셨을 때 하나님의 나라가 임하였음을 선포하셨고 (마 4:17) 그 나라가 자기 백성 가운데 있게 하셨으며(눅 17:21) 자기 백성 에게 그 나라를 우선적으로 구하라고 명하셨다(마 6:33). 예수의 사도 바울도 각 곳에서 복음을 선포하면서 주 예수 그리스도와 하나님의 나라를 가르쳤다(행 20:25; 28:23, 31). 그러므로 기독교는 하나님의 나라 와 그의 의를 구해야 기독교의 정체성을 갖는 것이다.

자유주의의 민중신학이 민중의, 민중에 의한, 민중을 위한 민주 사회 건설을 통해 정치 경제적으로 평준화된 함께 더불어 사는 사회 를 하나님의 나라로 간주함으로써 기독교를 세속시켰는가 하면, 한 국의 보수주의 신학은 교회 부흥과 영혼 구원에는 관심이 많으나 하나님의 나라에는 상대적으로 관심이 적음으로써 교회를 세속화 시켰다.

이같은 보수주의 신학의 세속화 경향은 박형룡의 천국관과 종말사 상에 기인하였다. 박윤선이나 이상근과 더불어[14] 특별히 박형룡은 누 가복음 17:21과 로마서 14:17과 관련하여 심령천국을 가르쳤다. 박형룡 이 가르친 하나님의 나라는 본질에 있어서 영적인 것으로 이 세상에 속하지 아니하며 신자들의 마음 속에만 발견되는 그리스도의 은혜의 왕국이다. 그리고 내세적 왕국도 사람의 마음에 설립된 하나님의 통 치로 그는 이해하였다.[15] 이로써 박형룡은 천국의 공동체적 성격을 부 인하고 개인주의적인 심령적 내면성만을 강조하였다. 결과적으로, 보 수주의 교회로 하여금 이 땅에 이미 임한 하나님 나라의 사회 윤리적 성격을 간과하고 심령적 성격만을 고려하게 함으로써 교회가 개인주의적 경향을 갖게 하고 세상의 빛과 소금 노릇하는 데 소홀하게 만들었다. 이것이 바로 보수주의 신학의 세속화의 단면이다.

천국을 심령적인 것으로 보는 까닭에 박형룡의 종말론은 현저하게 내세 지향적인 것으로 편향되어 있다. 그의 종말론에는 시작된 하나님의 나라가 전혀 다루어져 있지 않고, 개인의 사후 세계와 그리스도의 재림과 함께 있을 영원 천국 즉 내세만이 다루어져 있다. 이같은 내세 지향적 편향성 때문에 교회의 사회윤리가 등한시 될 수밖에 없고,[16] 칼빈이 주장한 바 사회 개혁에 대한 교회의 사회적 책임에 사실상 관심이 없게 되었다.[17]

보수주의 신학은 영혼 구원과 심령 천국을 위해서 구원자이신 예수를 그리스도로 믿는다. 믿음으로 의롭다 함을 받아 영혼이 구원받고 심령에 천국 곧 의와 평강과 기쁨이 있게 되는 것으로 안다. 다시 말해서, 십자가에 못박혀 피흘려 죽으심으로 우리의 죄를 위해 예수 그리스도가 대속제물 되시고, 그가 죽은 자 가운데서 부활하신 것을 믿으면 의롭다 함을 받아 심령에 기쁨과 평강의 천국이 임하게 된다고 가르친다(참고, 롬 4:25; 5:1-2).[18]

보수주의 교회는 십자가에 못박혀 죽으시고 부활하신 예수 그리스도를 신앙의 대상으로 알고 믿지만, 그 신앙이 개인주의적이고 심령적이어서, 예수 그리스도의 십자가의 죽으심과 부활을 통해서 이 땅에 이미 시작된 하나님의 나라에 관심이 적고, 그의 나라와 의를 구하는데 있어서 소극적이다. 영혼 구원과 심령 천국에는 관심이 많으나, 하나님의 나라를 위하여 날마다 십자가를 지고 예수를 따르는 십자가의 희생정신에 무관심하고, 분배적 공의의 실천과[19] 사회적 책임에 소홀함으로 보수주의 교회가 세속화된 것이다.

또한, 하나님의 나라와 관련지어 볼 때, 보수주의 신학은 죄의 요소로 죄책과 오염(전적 부패와 무능력)을 가르치나[20] 로마서 1:28-32와 디모데후서 3:1-4 그리고 구약성경 전반에 나타나 있는 사회 구조악으로서의 죄 즉 죄의 사회적 성격에 대해서는 언급하지 않는다. 따라서 구원에 관해서도 자연과 세상과의 관련하여 다루지 않고, 영혼 구원에만 초점을 맞춘다.[21] 이렇듯 세상을 복음으로 변화시키고, 예수의 이름으로 세상을 섬기는데 관심이 부족한 보수주의 신학은 교회 안에는 십자가가 있는 듯하나, 교회 밖에서는 십자가를 지는 희생정신이 없이 세속화되고 만 것이다. 교회가 소금으로서의 그 맛을 상실한 것이 바로 세속화된 증거이다(마 5:13).

결론적으로 요약하자면, 자유주의 신학이나 보수주의 신학 모두 다같이 그리스도가 오셔서 전파하셨고 십자가의 죽음과 부활을 통해 이루셨으며 사도들이 증거하고 가르쳤던 하나님의 나라를 제대로 가르치지 아니함으로 기독교 교회가 세속화되었다. 그리고 자유주의 신학이 십자가의 그리스도 곧 그리스도의 대속적 죽음의 십자가를 믿지 아니한데 반하여, 보수주의 신학은 십자가를 지신 그리스도 곧, 그리스도의 십자가의 희생정신을 본받아 복음에 합당한 삶을 사는 것을 세심하게 가르치지 아니했다. 그래서 이 두 신학 모두 그리스도가 세우신 하나님 나라와는 거리가 멀어졌다. 교회는 그리스도가 세우신 하나님의 나라를 위하여 날마다 십자가를 짊어짐으로 자기를 부인할 때 거룩해지고 세속화되지 않는 것이다.[22]

VI. 세속화에서의 탈출 : 영성

기독교가 세속화의 늪에서 빠져 나오는 길은 성령으로 말미암는 영성 뿐이다. 죄인이 성령으로 거듭나야 하나님의 자녀가 되어 영생을 얻게 되는 것처럼, 기독교가 세속화에서 벗어나려면 성령으로 교회와 성도들이 변화되고 활성화되어야 한다. 그러나, 오늘날 한국 교회를 보면, 영성에 대한 오해와 반대가 있는가 하면,[23] 불충분한 이해 또는 비성경적인 개념 등이 있기 때문에 복음주의 관점에서 성경적으로 영성의 개념을 정립할 필요가 있다.

1. 영성의 정의

영성(靈性, Spirituality)이라는 말의 일반적 의미는 사람의 영의 인격적 속성이다. 하나님이 사람을 자기의 형상으로 빚으시되 성령으로 창조하신 까닭에(창 1:26-28; 2:7; 욥 32:8; 33:4) 사람에게 영이 있으며, 영이신 하나님의 속성이 사람에게 부여됨으로 지식과 의와 거룩 등의 영적 속성(엡 4:24; 골 3:10)이 있게 된 것이다.[24]

그러나 오늘날 교회 내에서 신학적으로 사용되고 있는 영성이라는 용어는 일반적 의미의 영의 속성이 아니다. 영성 신학에서 사용되고 있는 '영성'의 '영'은 직접적으로는 사람의 영이 아니고 성령을 가리킨다.[25] 예컨대, 우리가 '영적인 사람'이라 칭할 때 성령으로 거듭나고 성령을 좇아 생각하고 행하는 것이 체질화된 사람, 곧 성령으로 생각과 삶이 항상 인도되고 주장되는 경건한 사람(갈 5:16, 25)을 가리키는 데서도 알 수 있다. 영적인 사람이란 성령으로 말미암아 심령이 뜨거워진(fervent in spirit by the Spirit) 사람인 것이다.

또한 '성화'(sanctification)라는 신학적 용어의 경우, 그리스도인이 예수를 믿고 회개함으로 죄를 씻는 것을 직접적으로 가리키기보다는, 성령께서 그리스도인의 심령 속에서 하나님의 말씀을 가지고 감화하여 회개케 함으로 죄를 물리치고 하나님께 대하여 살게 하는 것(롬 6:11)을 직접적으로 가리키는 경우와도 같다.

신학적 용어인 영성의 개념은 성성(sexuality)이나 당성(partisanship)과도 상통하는 면이 있다. 성성(sexuality)은 단순한 성(sex 또는, gender)의 개념과는 달리 남녀가 부부로서 한 몸으로 결합되어 관계를 가지고서 자녀를 생산하고 서로 사랑하여 순복하고 공경하며 사랑의 관계 속에서 기쁨과 행복과 만족을 누리는 성생활을 의미한다. 그리고 당성(partisanship)은 당파의 정책과 이념에 투철하여 자기의 신념으로 그것을 확신시키고 그것에 헌신함으로 즐거움과 행복을 누리는 충성심을 의미한다. 이에 비추어 볼 때, 영성(Spirituality)은 성령으로 말미암아 믿음을 통해서 하나님의 은혜로 하나님의 택함을 받은 자가 그리스도와 연합하여 한 몸 되어 하나님께 헌신함으로 영광을 돌리고 기쁨과 만족을 누리는 생동력 있는 삶이다.

그래서 영성은 그리스도와의 연합을 통해 죄에 대하여는 죽고 하나님께 대하여 사는 가운데 자신의 몸을 의의 병기로 하나님의 나라를 위하여 드리는 성화(롬 6:11-13)와 일맥상통하되, 영성에는 하나님으로 만족하고 즐거워하는 기쁨과 열정이 강조되어 있는 점에서 성화와 차이가 있다. 그리고, 하나님의 사랑을 알고 하나님을 경외하여 순종하는 경건과도 영성은 상통하되, 영성이 성령의 생동력(vitality)과 열정(enthusiasm)[26]을 강조하고 있다는 점에서 차이가 있다.

2. 비성경적 영성

영성을 일반적 개념의 '영적 속성'으로 보는 견해가 있는가 하면, 어떤 사람들은 이념(ideology)으로 본다.[27] 즉, 어떤 사상이나 이념을 좋게 여겨 그것을 위해서라면 생명까지도 바칠 각오로 그 사상이나 이념에 철저하게 지배를 받아 사는 정신성을 가리켜 영성이라 하는 것이다. 예컨대, 소크라테스나 마르크스의 공산주의 또는 시장 경제의 자본주의 등의 정신을 배우고 실천하며, 이를 위하여 장기적인 엄격한 훈련을 쌓아 자기의 것으로 삼거나, 그 사상에 철저하게 지배를 받아 사는 것을 가리킨다.

이같은 비성경적 세속적 영성은 일종의 이념 내지는 정신으로서, 극기 훈련이나 수련을 통해 자신의 성품이나 삶을 바꾸려 하는 인간적 노력을 통해서 계발된다. 이렇듯 세속적 영성은 일종의 정신성에 지나지 않기 때문에, 하나님의 성령의 지배를 받는 기독교의 영성과는 질적으로 다르다.

최근 반기독교적 운동으로 크게 확산되고 있는 뉴에이지 운동(New Age Movement) 또한 요가와 초월 명상(Transcendental Meditation; 약칭 TM, 초념) 등을 방편으로 삼아 기와 정신의 활성화를 목표로 하고 있다. 이 뉴에이지 운동은 힌두교와 이슬람의 신비주의(Sufism)에 근거한 것으로서 기독교의 성령 운동과는 반대되는 인본주의적 정신운동이다.

그런데 이 뉴에이지운동의 정신 집중 방법과 무아 상태에서의 초월 명상 방법에 크게 의존하여 영혼 깊은 곳에서의 하나님과의 신비적 만남의 체험을 로마 가톨릭교회가 가르치고 있다. 로마 가톨릭교회의 영성은 끊임없는 명상을 통해 하나님과의 깊은 영적 교제를 나누고, 그 교제 가운데서 하나님의 눈으로 역사를 보며 역사와 사회 구조 갱신에 관심을 갖는다.[28]

3. 복음주의 영성

성경적 복음주의 영성은 칼빈이 강조하는 바 경건과 통한다. 하나님을 아버지로 알고 신뢰하고 사랑하며, 하나님을 또한 만유의 주로 알고 경외하고 순종함으로써 그에게 영광과 찬양을 돌려 드리고 그를 충만하게 영원토록 즐거워하며 만족하는 삶이 경건이요 영성이다.[29]

구원론적으로 보면, 이 복음주의 영성은 성화와 통한다. 성화의 핵심은 그리스도와 연합하여 함께 죄에 대하여 죽음으로 자기를 부인하고 자기의 십자가를 날마다 지는 가운데 하나님 앞에서 하나님을 위하여 사는 것이다(롬 6:11; 칼빈, 「기독교 강요」 III. 7,8). 성부 하나님이 그의 말씀으로 우리를 깨끗하게 하시고(엡 5:26), 성자 하나님이 그의 피로 우리를 씻으시며(벧전 1:18-19; 히 9:14), 성령 하나님께서 우리를 그리스도와 신비한 연합을 이루게 하심으로(엡 2:22) 예수 그리스도와 함께 죄에 대하여 죽고 하나님께 대하여 우리가 살게 된다. 또한 우리의 구속주이신 예수 그리스도께서 우리 안에 사시고(갈 2:20) 성령 또한 내주하시어 우리의 마음을 움직이고 감정과 의지를 사로잡아 하나님의 통치에 순복하게 하신다. 이로 인하여 우리의 삶이 그리스도 안에서 하나님의 나라와 영광을 위하여 역동적이고 열정적이 되며 생동력(Spiritual vitality)으로 넘쳐, 하나님의 교회와 선교에 헌신할 뿐 아니라 자연 만물의 구속과 자유에도 관심을 갖는다. 이렇듯

영성에는 하나님께 대한 열정, 헌신, 생동력 등이 있다.[30]

이 영성은 결코 자아 중심적이거나 심령적이거나 개인주의적인 것이 결코 아니며, 네 가지의 기본 관계 속에서 성숙된다. 즉, 하나님과의 관계, 자아와의 관계, 이웃 동료와의 관계, 그리고 자연과의 관계 속에 영성이 있는 것이다. 하나님을 아버지로 알고 사랑하고 주님으로 알고 신뢰하고 순종하며, 나 자신이 하나님의 자녀요 그리스도의 신부이자 친구요 형제이며 성령의 전임을 알고 존귀하게 여겨 사랑해야한다. 또한 이웃에 대해서도 하나님의 형상으로 창조된 존귀한 존재로 알고 존귀하게 여겨 사랑하며, 자연 만물이 하나님의 영광의 극장임을 알고 사랑으로 관리해야 하는 바, 이같은 관계적 사랑의 삶이 영성이다. 이로써, 우리의 삶에서 하나님께 영광을 돌리고, 그를 즐거워 할 수 있으며, 그리스도가 우리의 몸에서 존귀하게 되는 것이다.

요약하자면, 복음주의 영성은 성부와 성자와 성령 삼위 하나님의 은혜로 복음의 말씀을 통해서 예수를 그리스도로 믿음으로 죄에 대하여는 죽고 하나님을 위하여 살되, 하나님과 이웃과 자연과의 사랑의 관계 속에서 하나님의 나라와 영광을 위하여 열정적으로 순종하고 헌신하여 살므로, 하나님의 임재와 사랑을 깊이 느끼고 성령의 충만한 지배와 인도 가운데 예수 그리스도를 닮아 사는 삶이다.[31]

VII. 복음주의 영성과 한국 기독교의 당면 과제

지금의 한국 기독교는 논문의 초두에서, 그리고 기독교의 세속화 현상과, 신학과 교리의 세속화 등에서 언급한 대로 문제가 심각하다. 50년 넘게 교회 안에서 가르쳐 온 개인주의적인 심령 천국 교리, 30년 가까이 반항적 의식화 운동을 민주화의 이름으로 교회 안팎에서 펼쳐온 민중신학, 1990년대에 들어서면서부터 사회 전반에 깊이 침투하여 언론 매체를 장악하고 교회 안에까지도 무혈입성하여 영향력을 발휘하고 있는 뉴에이지운동, 21세기를 맞아 한국 이슬람화를 위해 치밀한 전략을 세워 전력을 기울이고 있는 이슬람과 거기에 동조하여 정통교회를 파괴하는데 혈안이 되어 있는 이단 세력과 적 그리스도인(anti- Christians)의 연합 공격 등을 인하여 한국 기독교는 지금 심각한 어려움에 처해 있다.

비록 이 땅의 교회가 그리스도께서 반석 위에 세우신 영광스러운 교회여서(마 16:18; 엡 5:27) 아무도 흔들어 무너뜨릴 수 없지만, 복음주의 영성과 관련하여 우리가 해결해야 할 과제가 있다.

첫째, 하나님 나라를 교회가 가르치고 선포해야 한다. 성령 충만과 권능을 입으신 예수 그리스도가 우선적으로 힘써 하신 일, 그리고 예수 그리스도의 사도와 제자들이 그의 뒤를 이어 힘써 행한 일도 하나님의 나라를 가르치고 전한 것이었다(마 4:17; 막 1:15; 눅 4:14-21; 행 1:3; 8:12; 28:31).

예수 그리스도가 이 땅에 오심으로, 그리고 그의 십자가의 죽으심과 부활을 통하여 죄와 사망과 마귀를 패배시키고 승리하심으로(골 2:15) 그의 나라가 우리 가운데 임하셨고, 그가 그의 이름과 권능으로 마귀를 이기셨을 뿐 아니라(눅 10:18), 죄를 용서하시고 병자들을 치유하며(눅 10:9; 17:3-4), 가난한 자에게 긍휼을 베풀고(눅 10:25-37; 17:11-14), 무익한 종처럼 수종드는 일(눅 17:8)을 하심으로 그의 나라가 우리 가운데 있게 되었다(눅 17:21). 성령 안에서 의와 평강과 기쁨(롬14:17)을 연약한 형제에 대한 사랑을 통해서 누림으로 하나님의 나라를 경험하게 하셨다.

이렇듯, 예수 그리스도를 통해서 이미(already) 이 땅에 시작된 하나님의 나라, 곧 죄 용서와 치유와 긍휼과 섬김의 사랑이 있는 하나님의 나라를 오늘의 한국 교회가 힘써 구하고 가르치며 전해야 한다. 이 시작된 하나님의 나라를 구할 때 한국교회는 이기주의적 기복 신앙의 늪과 교회 분열의 아픔에서 자유할 수 있다.

둘째, 교회가 하나님의 말씀을 삶에 적용하여 사는데 힘을 써야 한다. 삶의 실천이 없는 형식적 신앙은 참된 신앙이 아니고 미신이다. 오늘의 한국 교회의 현실은 교회 안에 말(설교와 각종 성경공부) 잔치는 풍성하나 십자가를 지고 희생하는 삶(지역 사회의 봉사와 구제)이 빈약하다. 그 이유 가운데 하나는 한국 교회가 지역성이 희박한 까닭이다.

성경적 교회는 지역 교회이다. 때로는 가정교회이기도 하다(참고, 고전 16:19). 그러나 한국교회는 목회자와 교회 수가 많아지고 대형교회들이 상당수 생겨나면서 지역성이 약해졌다. 교회를 구성하는 성도들의 주거지가 교회의 위치와 상관없이 넓게 흩어져있다. 그런 까닭에 교회는 지역 사회를 섬기는 구심점 역할을 할 수가 없다. 섬김의 삶이 사실상 불가능하다 보니 교회 안에서 말잔치만 풍성해지는 것이다.

교회의 주요 기능과 사명은 선교(mission)이다. 선교란 해외에 나아가 복음을 전하는 것만이 아니다. 본래 의미는 우리가 속해 있는 삶의 현장으로 복음을 가지고 보냄을 받는 것이 바로 선교이다. 이 점에서 우리 그리스도인은 모두가 선교사이다. 주부 선교사, 학생 선교사, 회사원 선교사, 의사 선교사, 교사 선교사, 근로자 선교사, 정치인 선교사 등 모든 직업이 다 선교요, 모든 삶의 터가 다 선교지이다.

한국교회는 성도마다 자기의 삶의 터에서 복음의 선교사요 하나님 나라의 선교사로 살도록 가르치고 훈련시켜야 한다. 설교 중심의 말 잔치가 삶의 현장에서의 하나님 나라 잔치로 이어지게 해야 하는 것이다. 삶의 현장에 의와 평강과 기쁨의 씨를 뿌리며, 희생과 화목의 십자가를 세우도록 격려해야 한다. 이로써 예수 그리스도의 아름다운 모습과 향기가 나타나고 그분의 이름이 존귀하게 높여져야 한다.

셋째, 교회가 성도들을 경건의 사람, 거룩한 사람으로 훈련시켜야 한다. 기기독교가 개독교로 폄하되고, 반항적 의식화 운동이 민주화 운동으로 뿌리내리고, 요가나 초월 명상의 뉴에이지 운동과 같은 반기독교 운동이 교회 안에 아무런 저항도 없이 파고들며, 이단과 적 그리스도인이 이슬람과 연합하여 교회를 공격하는 까닭은 우리에게 경건의 능력과 거룩함이 부족하기 때문이다.

우리가 예수 그리스도의 십자가의 구속에 나타난 하나님의 사랑으로 우리의 가슴이 충만하고(롬 5:5-8) 하나님의 영광스러운 생명과 기쁨이 넘치는(벧전 1:8) 경건의 능력이 있을 때, 한국 교회는 영광스러운 교회의 모습을 보이게 될 것이다.

그리고, 그리스도 예수께서 우리 안에 살아 계심으로 우리가 그와 함께 죄에 대하여 죽고 하나님을 위하여 살며, 자기를 부인하고 자기 십자가를 날마다 지고 살 때, 한국 교회는 거룩한 교회의 모습을 보이게 될 것이다. 또한 우리 주 예수 그리스도의 이름이 존귀하게 되고, 그의 나라가 이 땅에서 힘있게 선포될 것이다.

우리 그리스도인은 장차 영광중에 오실 그리스도와 그의 영광스러운 영원한 나라를 소망하되, 지금 여기서 그 분의 이름과 나라를 선포하며 살아야 한다. 이것이 한국 기독교의 당면 과제이다. 이를 위해 성령으로 말미암는 하나님의 복음과 그의 나라 중심의 영성이 오늘 우리에게 요구되는 것이다.

결론

아브라함이 여호와 앞에서 의인을 악인과 함께 심판하시는 것은 불가하다 하며 의인 십 인을 소돔과 고모라에서 찾으시면 멸하지 마시라고 간청하였을 때, 하나님은 십 인을 인하여도 멸하지 않겠다고 하셨다(창 18:32). 하나님은 하나님을 경외하는 의인을 위하여 세상을 멸하지 않으시고 복을 주신다. 오방 최흥종 목사와 같은 의인들이 있었기에 하나님은 나병과 폐결핵과 가난과 혼란에서 건져내어 이 민족을 축복하셨고, 땅콩박사 조지 워싱턴 카버와 같은 의인들이 있었기에 흑인들이 생존권과 행복권을 누릴 수 있게 되었다.

오늘의 한국 기독교가 개독교로 폄하되고, 각종의 이단들과 뉴에이지운동 및 이슬람의 치밀한 교회 파괴 공작이 있지만, 이 땅의 교회 안에 하나님을 진실하게 경외하는 의인들이 하나님의 나라와 영광 및 예수 그리스도의 존귀한 이름을 위하여 경건의 능력과 거룩함으로 하나님 앞에서 헌신되어 삶을 산다면 하나님은 이 땅을 계속 축복하실 것이다.

우리의 관심은 개인주의적인 심령상의 평강과 기쁨의 하나님 나라가 되어서는 안 되고, 악의 세력을 꺾고 치유와 긍휼과 봉사와 분배적 공의가 베풀어지는 사회적 공동체인 하나님의 나라를 위한 것이어야 한다. 복음주의 영성이 영적 속성의 내면화에 국한되고 심령 천국을 추구할 경우, 기독교의 세속화는 가속화되어 맛을 잃은 소금처럼 쓸모없어 버려질 것이다. 예배가 더욱 형식화되고, 권위주의가 득세하고, 기복 신앙을 칭찬하며, 향락과 폭력이 심화될 것이다.

복음주의 영성은 하나님의 은혜 안에서 성숙해 가는 성화와, 심령이 성령으로 뜨거워져 하나님께 몸과 마음을 드리는 경건의 능력이 하나님의 진리의 말씀인 성경과 그리스도의 십자가의 대속적 죽음과 부활을 믿는 믿음으로 활성화되어 하나님의 나라를 세상에 선포하고 세상을 변화시키는 책임을 다하는 것이다.[32] 그러므로 복음주의자는 성경과 하나님의 은혜와 그리스도의 십자가와 성령으로 말미암아 청결한 양심과 거짓 없는 믿음을 통해서 나는 사랑 (딤전 1:5)과 경건의 능력과 거룩함으로 하나님의 영광과 그의 나라를 위해 몸과 마음을 드려 살아야 한다. 이로써 세상에 빛을 발하고 예수 그리스도를 증거하여 세상을 복음으로 변화시키는 책임을 다해야 하는 것이다.

1) 적그리스도인들(anti-Christians)은 기독교를 폄하하여 '개독교'(개dog教)라는 인터넷 신조어를 만들어 그리스 도인과 교회를 개같이 여기고 있다.

2) Lawrence Elliott의 The Man who Overcame 이라는 카버의 전기를 곽안전이 1970년에 「땅콩박사」라는 제목 으로 번역하여 대한기독교서회가 출판하였다.

3) 문순태가 「성자의 지팡이」(서울: 다지리, 2000) 라는 이름으로 최흥종 목사의 생애를 소설로 썼다.

4) '오방'은 그의 다섯 가지 생활신조를 말하는 바, 가정의 일에서 자유하고, 세속에서 자유하고, 돈으로부터 자 유하고, 정치에서 자유하고, 세속화된 종교로부터 자유하는 것이었다.

5) 창세기 6:2의 '하나님의 아들들'과 '사람의 딸들'에 대해서는 '하나님의 택한 백성'과 '버림 받은 자'로 해 석하기도 하나 (박윤선, 「창세기, 출애굽기」131-132.) '하나님'(엘로힘)이 '힘있는 자들'로, '사람'이 '힘 없는 자'를 가리키기도 하므로, '권세 있는 자들'과 '힘 없는 자들'로 해석되기도 한다. 참고, 목회와 신학 편집부, 「창세기」(서울: 두란노아카데미, 2008), 52.

6) 나용화, 「기독교 신앙의 진리」(서울: CLC, 2005), 169.

7) '경건'이라는 단어는 히브리어의 경우 '헤세드'(언약적 사랑)를 어근으로 한다(참고, 시 86:2, "나는 경건하 오니"; 히브리어, "키 하시드 아니").

8) J. A. Kirk, Liberation Theology (Atlanta: John Knox Press, 1979), 171.

9) 참고, 이오갑, 「한국 기독교 개혁의 테마 20」서울: 한들, 2002년

10) 나용화, 「민중신학 평가」(서울: CLC, 1987), 203-207.

11) J. Gresham Machen, Christianity and Liberalism (Grand Rapids: Eerdmans, 1974), 6-7.

12) 나용화의 「민중신학평가」를 참고하라.

13) 리더보스 외 3명, 「구속사와 하나님의 나라」오광만 역 (서울: 반석문화사, 1992), 25.

14) 참조, 박윤선 「성경주석 공관복음」(서울: 영음사, 1977), 646-647; 이상근, 「신약주해 누가복음」(서울:총회교 육부, 1976), 274. 박윤선과 이상근은 다같이 누가복음 17:21의 "너희 안에"를 해석함에 있어서 심령천국이 아닌, 예수님과 제자들을 통해서 이 땅에 이미 실현된 천국으로 보았다. 그러나 이 두 분은 로마서 14:17에 대한 주해에서는 누가복음 17:21의 천국을 정신적인 것으로 간주했다. 그리고 의와 평강과 희락을 칭의 및 성 화와 관련지어 이해하고, 공동체적 성격을 배제하였다(참고, 박윤선「로마서」380; 이상근「로마서」307-308).

15) 박형룡, 「교의신학 제4권 기독론」(서울: 은성문화사, 1974), 288-289. 누가복음 17:21, "하나님의 나라는 너희 안에 있느니라"는 말씀은 직접적으로는 바리새인에게 예수님이 대답하신 것이기에 심령천국으로 보는 해석 은 문맥상 어울리지 않는다. 설사 칼빈의 주해처럼 예수님이 자기의 제자들에게 말씀하신 것으로 볼지라도, 누가복음 17장의 전체 문맥으로 보아 심령천국으로 볼 수가 없다(John Calvin, A Harmony of the Gospels II, 134) 그리고 로마서 14:17, "하나님의 나라는 의와 평강과 기쁨이다"는 구절도 연약한 형제를 비판하지 말 고 받으라는 14장의 문맥으로 보아 교회 안에서의 천국이지 심령천국을 가리키지 않는다. 다시 말해서, 의와 평강과 희락은 예수님의 산상설교(마 5:6, 9, 12; "의에 주리고 목마른 자는 … 화평케 하는 자는 복이 있나니 … 기뻐하고 즐거워하라")를 반영한 것이요, 19절의 "화평의 일과 서로 덕을 세우는 일"과 연결된다. 그러므 로 의는 교회 안에서 이방인 그리스도인과 유대인 그리스도인이 서로 용납하고 사랑의 책임을 다하는 것이 요, 평강은 화목하는 것이요, 기쁨은 의와 평강을 구함으로써 얻는 교회의 기쁨인 것이다(John Murray, The Epistle to the Romans II, 194; 홍인규, 「로마서」184-185).

16) 박형룡,「교의신학 제7권 내세론」(서울: 은성문화사, 1975), 45.

17) 참고, 로날드 S. 월레스,「칼빈의 사회 개혁사상」박성민 역, CLC, 1995; 앙드레 비엘러,「칼빈의 경제 윤리」홍치모 역, 서울: 성광문화사, 1992; 나용화,「영성과 경건」207-210.

18) 바울의 로마서는 하나님의 의 또는 칭의와 관련하여 구원의 개인주의적인 심령적 성격만을 강조하기보다는, 유대인이나 헬라인(이방인) 간에 차별이 없이(롬 3:22) 모두가 다같이 하나님 앞에서 의롭다 함을 받아 하나님의 영광을 즐거워하게 된다는 사실에 무게를 두고 있다(참고, 목회와 신학 편집부,「로마서」67-76).

19) 하나님의 의를 다룸에 있어서 보수주의 신학자들은 보상적 공의와 보복적 공의만을 언급하고, 경제적 사회적 성격의 분배적 공의에 대해서는 무관심하다. 벌코프는 상벌과 관련지어 분배적 공의를 언급했다(벌코프,「조직신학」상, 271).

20) 벌코프,「조직신학」상, 권수경 이상원 역 (서울: 크리스챤 다이제스트, 1991), 464-466.

21) 참고, 박형룡,「교의신학 제3권 인죄론」(서울: 은성문화사, 1974), 261-269; 나용화,「기독교신앙의 진리」164-170. 박형룡의 교의신학에는 사회 구조악으로서의 죄의 사회적 성격에 대한 언급이 없으나, 필자는 이 점을 강조하였다.

22) 참고, 로날드 S. 월레스,「칼빈의 기독교 생활 원리」나용화 역 (서울:CLC,1992), 81-85.

23) 강경림은 영성신학의 뿌리가 로마 가톨릭 교회이기 때문에 개혁주의의 성화론과 조화될 수 없을뿐더러 종교 개혁의 전통까지 위태롭게 만들 수 있다고 보고서 반대했다(참고, 강경림, "기독교의 영성과 성화에 대한 소고", 나용화,「영성과 경건」260-261.)

24) 박형룡,「교의신학 제3권 인죄론」96-97.

25) 나용화,「영성과 경건」(서울: CLC, 1999), 83; 조나단 에드워즈,「신앙과 정서」서문강 역(서울: 지평서원, 1994), 170-171.

26) 영어, enthusiasm은 헬라어, '엔'(안에)와 '데오스'(하나님)의 합성어로 우리가 하나님 안에 있으면, 특별히 성령 안에서 예수 그리스도와 연합을 이루면 심령 속에 열정이 있게 되는 것이다. 하나님의 사랑을 알면 경건하고 그 사랑으로 말미암아 하나님의 영광과 나라를 위해 열정이 있다.

27) 참고, 오성춘,「영성과 목회」(서울: 장신대, 1997), 43-49.

28) A. 드 멜로,「하느님께 나아가는 길」이미림 역 (서울: 성 바오로, 1998), 11-40; 참고, 오성춘,「영성과 목회」65-68.

29) F.L. Battles, tr, ed., The Piety of John Calvin (Grand Rapids, Baker Book House, 1978), 7-8, 15-20; 요셉 리차드,「칼빈의 영성」(서울: 기독교 문화협회, 1997), 131, 134, 146.

30) 조나단 에드워즈,「신앙과 정서」21-26. 참고, 로잔언약(1974년)은 성경의 권위와 무오성, 그리스도의 유일성과 십자가의 대속적 죽음과 부활, 및 믿음으로 말미암는 칭의와 성화와 함께 그리스도인의 사회적 책임과, 성령의 능력으로 하는 복음 전도와 문화 변혁을 균형있게 강조하였다.

31) 참고, 이완재,「영성신학연구」(서울: 성광문화사, 2002), 57, 67; 나용화,「영성과 경건」23-26.

32) 참고, David W. Bebbington, The Dominance of Evangelicalism (Leicester: IVP, 2005), 77.

3. 칼빈의 기도론

기도에 대한 연구와 이해에 있어서 그것의 깊이와 넓이, 짜임새 및 경건성에서 다른 신학자들의 추종을 불허할 만큼 탁월한(Spear, The Theology of Prayer, p.3) 칼빈의 기도론은 그리스도인의 일상생활에 관한 그의 가르침에도 기도의 중요성이 잘 드러나 있다. 그리스도인이 그리스도를 섬김에 있어서 일상생활에서 만나게 되는 끊임없는 갈등과 대립 가운데서 믿음을 행사할 때, 그리스도인들은 하나님의 섭리 아래서 기도로, 믿음의 힘으로 그리고 말씀으로만 살게 되어있다고 칼빈은 가르친다(월레스,『칼빈의 기독교 생활 원리, p.6). 이로 보건대, 칼빈에게 있어서는 기도와 믿음과 하나님의 말씀이 그리스도인의 생활에서 아주 밀접하게 관련되어 있으며, 기도는 하나님의 말씀으로 동기가 부여되고 틀이 형성되며 인도되는바 믿음의 으뜸가는 훈련(the chief exercise of faith)이다.

기도에 대한 칼빈의 가르침의 중요성을 이해하는 데 있어서 첫째로, 칼빈이 그의 대표적 저서인 『기독교 강요』에서 언제부터 기도에 관하여 다루었는가를 알 필요가 있다. 그는 1536년 4월에 『기독교 강요』 첫 판을 낼 때 이미 기도에 관하여 다루었다. 그 첫째 판은 십계명, 사도신경, 주기도, 성례, 그리스도인의 자유 등 여섯 장으로 되어 있었는데, 그 가운데 제3장에서 칼빈은 기도를 다루었다. 그 이후로 계속해서 기도에 관한 주제를 보충하고 발전시켜 1559년 최종판에는 제3권 20장에 다루어 놓았다. 이처럼 칼빈의 사상에서 기도는 중요한 관심의 대상이 되어 온 것이다.

둘째로 『기독교 강요』최종판에서 80장 가운데 기도에 관한 부분 (제3권 20장)이 가장 분량이 많다. 제4권 17장에 다루어져 있는 성만찬에 관한 가르침이 분량에 있어서 두 번째인데, 그 부분보다 상당히 더 많다. 칼빈이 기도에 관하여 가장 많은 분량을 할당하여 가르친 사실은 그가 기도를 얼마나 중요하게 여기고 있는가를 잘 말해주고 있는 것이다.

셋째로, 기도에 관한 가르침이 『기독교 강요』최종판에서 그리스도인의 자유와 예정론 사이에 다루어져 있다는 사실이 기도의 중요성을 웅변해 주고 있다. 이는 절대주권자이신 '하나님의 은혜'와 피조물이기에 하나님께 전적으로 의존할 수밖에 없으면서도 하나님의 형상으로 창조된 존재이기에 자유가 있는 '인간의 책임성' 간의 관계에 대한 비밀이 사람의 기도에서 가장 깊이 있고도 의미 있게 연결되어 있기 때문이다. 이로 보건대, 기도는 칼빈의 신학체계의 중심교리들과 깊게 관련되어 있는 것이다.

그런데 기도에 관한 칼빈의 가르침을 보면 그의 『기독교 강요』 3권에서 성령 하나님의 내면적 사역과 관련하여 믿음으로 말미암은 칭의(11~18장)와 그리스도인의 자유(19장)에 이어서 기도가 살아있는 믿음의 표현으로 다루어져 있고, 제4권의 은혜의 방편과 관련하여 다루어져 있지 않음으로 해서 칼빈 이후의 조직신학 체계에서는 그것의 위치가 모호하게 되었다. 그래서 웨스트민스터 신앙고백에서는 '예배와 안식일'에 관한 부분(21 장 3~6항)에서 기도가 다루어져 있으나 대요리문답에서는 '성만찬' (168~177문답)에 이어 제178문답부터 마지막 제196문답까지에서 다루어져 있다. 다시 말해서 웨스트민스터 신앙고백서는 직접적으로는 기도를 은혜의 방편으로 다루지 않고 믿음의 표현으로서 하나님의 은혜와 구원에 대한 확신과 관련하여 다루고 있는데 반하여 대요리문답은 은혜의 방편인 하나님의 말씀과 성례와 더불어 기도를 다루고 있는 것이다. 이와 같은 이유로 해서 바빙크, 벌코프, 벌카워 등은 그들의 조직신학에서 기도를 별도의 항목으로 전혀 다루고 있지 않으나 딕(John Dick, Lectures of Theology, pp.423~453)과 하지(Charles Hodge, Systematic Theology III, pp.692~709)는 상세하게 다루고 있다.

그런 까닭에 칼빈의 기도론은 좀 더 깊이 연구될 필요가 있는바 여기서는 특별히 기도에 있어서 삼위일체 하나님의 역할과 하나님의 말씀의 역할, 기도의 필요성과 동기 그리고 만인사제직 등과 관련하여 기도에 대한 그의 가르침을 연구하고자 한다.

1. 기도의 정의

(1) 기도의 본질

칼빈에 의하면 기도는 그것을 통해서 하나님의 은택을 매일 받는 믿음의 으뜸가는 훈련이다『(기독교 강요』III권 xx장 2항; 이하에서는 III. xx. 2 등과 같은 방식으로 표기함). 하나님의 자녀들에게 있는 으뜸가는 특권이 기도하는 것이요, 그들이 기도를 통해서 그들의 믿음의 참된 증거를 나타내 보이기 때문에, 칼빈은 기도를 '믿음의 영속적 훈련'(perpetual exercise of faith)이라고 부른다(III. xx. 2). 즉 우리의 심령 속에 참되고 살아있는 믿음이 있으면 기도가 저절로 즉시 터져 나온다(마21:21 주해). 기도를 통해서 믿음은 복음이 우리에게 약속해 준 보화들을 캐낸다(III. xx. 1). 그런 의미에서 기도는 살아있는 믿음의 표현이요, 하나님께 대한 사랑과 필요(love and desire)를 말로 알리는 믿음이다(시 54:6 주해).

칼빈이 말하는 믿음은 우리에게 베푸시는 하나님의 자비(부성적 은총과 돌보심)에 대한 확실한 지식이다. 이 지식은 그리스도 안에서 거저 주신 약속의 진리에 기초하여 성령을 통해서 우리 마음에 계시되고 확증된다(III. ii. 2, 7). 그러기에 그가 말하는 믿음은 첫째로, 우리를 향한 하나님의 자비에 대한 확실한 지식이요, 둘째로, 그리스도의 약속을 우리 마음에 계시하는 방편이며, 셋째로, 그 약속의 성령으로 우리 마음에 인쳐진다는 것을 의미한다.

따라서 하나님의 자녀들의 기도는 하나님의 부성애(fatherly favor)와 선하심에 대한 믿음과 지식에 의해서 고취된다(시18:7 주해). 그러므로 참되고 순수한 기도는 "단지 목소리만 높이면 되는 것이 아니고 신앙의 내적 원리로부터 우리의 간구들을 하나님께 아뢰는 것이다"(시 140:6 주해). 그러기에 우리의 기도는 "신앙의 발자취를 따라야 한다"(III. xx. 11). 그리고 우리의 기도는 예수 그리스도 안에서 하나님의 사죄은혜 (forgiving grace)에 대한 회개와 믿음의 반응이다(시 143:10 주해). 우리가 이미 하나님의 용서를 확신하고 그의 용서의 사랑에 온전히 붙들린바 되었기 때문에 용서를 비는 기도를 믿음으로 할 수 있다. 그러므로 우리의 기도는 하나님의 용서의 긍휼에 근거한다(III. xx. 8).

칼빈의 신학사상에 결정적으로 영향을 받았고 또한 그의 사상에 주로 기초한 웨스트민스터 신앙고백서에는 기도가 다음과 같이 정의되어 있다.

"감사함으로 드리는 기도는, 종교적 예배의 한 특별한 요소로서 하나님께서 모든 사람들에게 요구하신다. 기도가 열납되도록 하기 위해서는 성자의 이름으로 성령의 도우심을 받아 하나님의 뜻을 따라서 사려분별과 경외심과 겸손과 열심과 믿음과 사랑과 인내를 가지고 하되, 만일 소리를 내어 하는 경우에는 일상적인 말로 해야 한다"(신앙고백서 21장 3항).

"기도는 그리스도의 이름으로 성령의 도움을 받아 하나님께 우리의 필요를 아뢰고 더불어서 우리의 죄를 자복하며 그의 긍휼에 깊은 감사를 드리는 것이다"(대요리문답 178문답).

웨스트민스터 표준문서도 칼빈처럼 기도를 하나님의 선하심과 용서의 사랑, 곧 긍휼에 근거한 것으로 보며 그것을 감사하는 믿음의 표현이 기도이다. 그런데 이 믿음이 하나님의 말씀과 성령의 사역에 의하여 심어지고 인쳐지는 것이기 때문에 믿음의 표현이요, 으뜸가는 훈련(exercise)인 기도는 하나님의 은혜를 더욱 풍성하게 받아 누리게 하는 방편이다. 그래서 기도는 말씀과 성례와 더불어 하나님이 제정하신 은혜의 방편인 것이다.

(2) 기도의 목적

칼빈에 의하면, 하나님께서 우리에게 기도를 명하신 것은 그 분 자신을 위해서가 아니고 우리를 위해서이다. 우리의 믿음이 약해지거나 태만해지지 않도록 하고, 하나님을 사랑하며 섬기겠다는 열의가 우리 마음속에서 불일 듯 하며, 하나님 앞에 우리의 모든 소원을 온전하게 아뢰고, 하나님께서 여러 가지 은혜를 주실 때에 진심으로 감사하면서 받고, 그의 인자하심을 더욱 열심히 묵상하며, 더욱 큰 기쁨으로 하나님의 응답을 받아들이고, 그의 섭리를 확신하도록 하기 위해서 우리가 기도한다(III. xx.3). 요약하자면 우리의 기도는 하나님의 말씀에 기초하여 그의 선하신 뜻을 따라서 하게 되어 있는 까닭에 기도의 유일한 목적과 합당한 용법은 하나님의 약속의 열매들을 거두는 것과(시119:38 주해), 하나님을 찬미하며 그의 도움을 구하는 것이다 (III. xx. 29).

또한 기도는 사람이 하나님과 교통하는 것(III. xx. 2)이기 때문에, 기도의 목적은 하나님과의 교통을 통해서 성령의 능력을 힘입어 성장하는 데 있다.

2. 기도에 있어서 삼위일체 하나님의 역할

기도에 있어서 삼위일체 하나님의 역할은 너무나도 분명하다. 성부 하나님은 기도를 들으시며 응답하시는 분(hearer and answerer)이시고, 성자 하나님은 중보자(mediator)이시며, 성령 하나님은 기도를 활성화시키는 분(activator)이시다.

(1) 성부의 역할 : 기도를 들으시며 응답하신다

사람이 자기의 무력함을 인식하고, 또한 복음의 약속을 듣고서 믿음으로 하나님의 이름을 부르게 되는 때(참조, III. xx.1) 사람의 심령을 살피시는 하나님은 그들의 필요를 아시고 응 답하신다. 즉 하나님을 섬김에 있어서 인간적인 필요에서 나오고, 또한 하나님의 말씀에 기초하여 드려진 기도에 대하여 하나님이 응답하지 않으실 수가 없다. 사실 우리가 기도할 수 있다고 하는 것은 우리가 하나님께 담대하게 나아갈 수 있다고 하는 것뿐만 아니라 우리를 도울 준비가 하나님께는 항상 되어 있다는 것을 의미한다(III. xx. 3). 그래서 칼빈은 시편 65편을 주해하면서 "기도의 응답은 하나님이 경우에 따라서만 하시는 어떤 것이 아니고 하나님의 영광의 항존적(恒存的) 요소이다. 그러므로 하나님이 우리의 간구를 듣지 않으시면 곧 자신을 부인하는 것이 되고 만다"(시 65:3 주해)고 말한다.

귀찮은 과부의 비유에서 알 수 있는 바에 의하면, 하나님은 기도에 의하여 기진맥진하게 되어 있고, 사람들이 기도를 통해 고집을 부릴 경우 응락하신다(눅 18:1~8 주해). 하나님은 그의 속성이 선하시기 때문에 "우리의 기도와 간구에 따라 자신을 크게 제한하여 그 기도와 간구로 말미암아 방해를 받아 진노를 삼가시고 때로는 모든 것을 멸하고자 하실 경우에도 우리가 하나님 앞에 나아와 우리 자신을 낮추면 그가 마음을 바꾸시는 것처럼 보인다"(신 9:13~14 주해).

웨스트민스터 대요리문답(제179문답)에도 이와 같이 진술되어 있다. "오직 하나님만이 우리의 마음을 살피실 수 있기 때문에 우리의 간구를 들으시며, 죄를 용서하시고, 모두의 요구들을 충족시켜 주신다.…기도는 예배의 특별한 요소로서 오직 하나님께만 드려져야 하고, 여타의 다른 아무에게도 드려져서는 안 된다." 오직 하나님만이 우리의 기도를 들으시며 응답하실 수 있다.

(2) 성자의 역할 : 중보자이시다

우리가 하나님께 예수 그리스도의 이름으로 기도해야 하는 것은 아무도 자신의 이름으로는 하나님의 면전에 나아가 나타날 수가 없어서 하늘에 계신 우리 아버지께서 공포와 수치를 덜어 주기 위해 우리에게 자기의 아들 예수 그리스도를 우리의 대언자와 중보자로 보내시어 우리가 그의 인도하심을 받아 안전하게 나아갈 수 있도록 해주셨기 때문이다. 아버지의 경우 우리의 대언자를 인하여 우리가 그의 이름으로 구하는 것을 결코 거절하지 않을 것을 확신하는 것이다. 사실 우리가 하나님의 지극한 위엄을 생각할 때마다 경악으로 몸을 떨 수밖에 없으며, 따라서 그리스도께서 중보자로 나서서 두려움의 영광의 보좌를 은혜의 보 좌로 바꾸어주시지 않는 한 우리 자신의 비천함 때문에 우리는 하나님으로부터 멀어질 수밖에 없다. 우리에게는 중보자 예수 그리스도가 있기 때문에 "우리가 긍휼하심을 받고 때를 따라 돕는 은혜를 얻기 위하여 은혜의 보좌 앞에 담대히"(히 4:16) 나아갈 수 있게 되었다(III. xx. 17).

우리가 하나님께 나아갈 수 있도록 허락된 유일한 길과 통로는 오직 그리스도이시므로(참조, 요 14:6) 하나님께 나아가는 다른 길이나 통로가 없다. 더욱이나 아버지 하나님께서 그리스도를 우리의 머리요 지도자로 인치셨기 때문에 그리스도만이 유일한 중보자가 되시며 그의 중보를 통해서 아버지는 우리에게 은혜를 베푸시고 우리의 기도에 응답하신다(III. xx. 19). 그러기에 그는 하나님과 사람 사이에 유일한 중보자(딤전 2:5)라고 불리운다(III. xx. 20). 그래서 칼빈은 성자들의 중보기도를 가르쳐 온 로마 카톨릭교회의 교리를 반성경적인 것으로 논박하고 (참조, III. xx. 21~26) 결론짓기를, 하나님의 말씀에 기초한 믿음이 바른 기도의 어머니이며, 죽은 성자들에게 기도하는 것은 명백한 신성모독이라고 하였다(III. xx. 27).

웨스트민스터 신앙고백서에도 칼빈의 이 같은 가르침이 잘 반영되어 있다. "하나님과 피조물 사이의 간격은 너무나 크기 때문에 … 오직 하나님 편에서 자원하여 베풀어 주시는 은혜로서만" 하나님을 창조주로 순종할 수 있으며(신앙고백서 VII장 1항), 우리가 그리스도의 이름으로 기도해야 할 이유가 있는 것은 우리의 죄악됨과 그 죄악성으로 인하여 하나님과 우리 사이가 너무 멀어서 중보자 없이는 하나님 앞으로 우리가 나아갈 수 없으며 오직 그리스도만이 우리의 중보자 되시기에 합당하기 때문이다(대요리문답 181문답).

(3) 성령의 역할 : 기도를 활성화시키신다

칼빈은 로마서 12장 19절을 주해하면서 성령의 순결한 열심으로 하지 아니하고 우리 자신의 개인적인 감정 특히 악하고 복수 하려는 마음으로 하는 기도는 기도가 아니라고 말한다. 즉 기도는 우리의 심령의 절박한 필요와 감사가 동기가 되어 순수하게 하나님께 드려져야 하고, 심령의 본성적 충동에 의해서 되어져서는 안 된다는 것이다. 우리 자신의 본성적 충동에 따라 기도를 드리는 것은 하나님을 우리의 사악한 정욕의 대행자(agent)로 이용하려는 것에 해당한다. 그러므로 성령께서 바르게 기도하는 방법을 가르쳐 주시지 않는 한 하나님 앞에서 우리의 입을 여는 것은 아주 위험하다(III. xx. 34).

칼빈은 또한 로마서 8장 26절 이하를 주해하면서 우리가 성령의 증거로 말미암아 하나님이 우리의 아버지라는 것을 알며, 바로 그 성령으로 말미암아 우리가 하나님께 어떤 방법으로 무엇을 구해야 할 것인가를 가르침 받는다고 말한다. 요약하자면, 성령은 우리를 위해 기도하는 방식을 규정해 놓으시고, 우리의 마음을 감화하여 하나님이 원하시는 바대로 기도할 수 있게 우리의 입을 열어주시는 것이다(롬 8:26 주해).

칼빈이 주장하는바 기도의 가장 중요한 요소는 죄 용서에 대한 간구이다. 올바른 기도의 준비와 시작은 겸손하고 성실하게 죄를 고백하며 용서를 간구하는 데 있다(III. xx. 9). 우리는 성령의 사역을 통하여 깨어있어 정직함과 겸허함 그리고 소망과 확신을 가지고 기도할 수 있는 것이며, 이 같은 성령의 사역이 없이는 기도의 바른 법칙을 지킬 수도 없다.

기도에 있어서 성령의 역할에 대한 칼빈의 가르침은 로마 카톨릭 교회가 내세웠던 교회의 권위 대신에 예수 그리스도의 죽음의 단번의 사건을 통하여 확증된바 말씀으로 역사하는 성령의 권위를 염두에 두고 있다. 다시 말해서 만유를 주관하시고 섭리하시는 하나님에 대한 인격적 지식은 말씀과 성령을 통해서 우리에게 전달되고 예수 그리스도의 죽음의 사건을 통해서 가능케 된다고 주장함으로써 칼빈은 객관적 표준으로서의 말씀의 권위를 고려하여 하나님을 아는 지식이 믿음 충만한 기도(the faith-full prayer)에 의하여 심어지고 보전되며 강화된다는 점을 강조한다.

그리고 칼빈의 경우, 성령으로 기도한다(고전 14:15)고 하는 것은 기도하는 일을 성령에게 전적으로 맡겨버리고 우리는 아무렇게나 행하여도 된다는 것이 결코 아니라 성령의 도움을 간절하게 바라며 깨어있으라는 뜻이다(III. xx. 5).

기도에 있어서 성령의 역할에 대한 칼빈의 가르침은 웨스트민스터 대요리문답에 역시 잘 요약되어 있다.

성령께서는 어떻게 우리의 기도를 도우십니까?

우리가 마땅히 기도할 바를 알지 못하므로 성령께서 우리의 연약함을 도우셔서 누구를 위해, 무엇을, 어떻게 기도할 것을 우리로 하여금 깨달을 수 있게 함으로 그리고 기도의 의무를 올바르게 행 하는데 필수적인 이해력과 열정과 은혜들을 우리 심령 속에서 활성화시킴으로써 우리를 도와주십니다(182문답).

3. 기도와 하나님의 말씀

웨스트민스터 대요리문답(186문답)에서 기도를 위한 지침으로 하나님이 우리에게 하나님의 전체 말씀을 주셨다고 진술되어 있는 대로, 기도가 신앙의 순수한 표현이 되기 위해서는 하나님의 말씀에 기초되어야 한다고 칼빈은 말한다. 즉 기도를 불러일으키는 신앙은 말씀에 의해서 생겨나고, 말씀의 약속들을 경청함으로써 더욱 활성화된다(눅 1:18~25 설교). 이로 보건대 칼빈이 주장하려는 것은 우리의 기도가 하나님의 말씀에 의하여 시작되고 틀을 갖추게 되며 제한된다는 것이다.

(1) 기도는 하나님의 말씀에 의해 문이 열린다

복음의 말씀을 들음으로 생겨나고, 그 말씀의 약속들을 경청함으로써 더욱 생명력이 있게 되는바 믿음을 통해서 기도의 문이 열리는 것이기 때문에 하나님은 자기의 말씀을 통하여 우리가 그의 백성임을 알게 하여 그를 붙잡을 수 있도록 자신을 우리에게 계시하신다. 하나님이 말씀을 통하여 이렇게 하여 주시는 것은 우리로 하여금 하나님의 은총을 담대하게 구하고 하나님을 찾으며 그의 존전으로 나아갈 수 있게 하기 위함이다(시 27:8 주해). 이처럼 하나님은 말씀을 통하여 우리에게 인격적으로 은혜롭게 접근해 주시고 우리로 하여금 말씀의 약속에 대한 확신을 가지고 두려움 없이 담대하게 하나님의 존전으로 나아갈 수 있게 하신다(시 71:22 주해). 즉 하나님은 그의 말씀을 통해서 우리에게 믿음을 심으시고, 우리의 기도의 문을 활짝 열어 주시는 것이다.

그러므로 하나님의 말씀 위에 기초하게 될 때 우리는 참으로 담대하게 기도를 드릴 수가 있게 된다. 우리가 하나님의 은혜의 보좌 앞으로 나아갈 때 겁을 먹으면 기도가 더럽혀지고 하나님의 이름이 손상을 입는다(눅 1:73~8에 관한 설교). 하나님은 자기의 약속들 때문에 마치 자기가 우리에게 채무자이신 것처럼 우리 앞에 계심을 우리는 알아야 한다(시 119:58 주해). 그런 까닭에, 하나님의 말씀을 듣는 자들에게서 겸손과 경외를 불러일으키고, 육체의 정욕들을 제어하여 하나님의 뜻에 절대 복종케 하는 바로 그 말씀이 다른 한편으로는, 듣고 순종하는 자들로 하여금 담대함과 확신을 가지고 하나님께로 나아갈 수 있도록 그들의 기도의 문을 열어 주는 것이다.

(2) 기도는 하나님의 말씀에 의하여 틀이 형성된다

칼빈은 주기도의 용도와 관련하여, 우리 주님이 우리의 입에 말씀들을 넣어주어 우리가 무엇을 구해야 할 것인가에 대해 전혀 망설이지 않게 하신다고 가르친다(III. xx. 34). 즉 주기도는 우리에게 보다 더 확실한 기도의 방법뿐만 아니라 기도의 형식 자체를 가르쳐 주며, 우리가 하나님께 구해도 좋을 것과 우리에게 유익한 것과 우리가 구할 필요가 있는 것 등을 하나의 도표로 하듯이 제시하고 있다.

그래서 우리가 기도하는 데 필요한 말들을 공급받을 수 있도록 성경의 약속들을 묵상할 것을 칼빈은 강권하며(참조, 시85:6 주해) 성령에 대하여 기도의 형식들을 우리에게 구술해 주시는 분으로 이해하고 있다(시 102:9). 하나님은 우리의 기도가 뜨겁게 하기 위해서 우리에게 말씀을 집어넣어 주신다는 사실에 칼빈은 주목하고 있다(요 12:13 주해). 그래서 그는 간주하기를 성령께서 말씀을 가지고 기도의 형식들을 성도들의 입에 넣어 주신다는 사실로 미루어 그러한 형식들을 사용하는 것은 무익하지 않다고 하였다(시 17:8 주해).

(3) 기도는 하나님의 말씀에 의하여 지배된다

기도가 하나님의 말씀 위에 기초하여 시작되고 그 말씀에 의하여 성령께서 기도의 틀을 만들어 주시는 까닭에, 말씀에 의해서 제한된다고 하는 것은 당연할 것이다. 하나님의 말씀이 기도를 시작하기 전에 선행하고 동기를 제공해야 할 뿐만 아니라 우리의 기도는 그것의 방향과 세부적인 사항에서 바로 그 말씀에 의하여 지배되고 억제되어야 한다고 칼빈은 강조한다(시 35:23 주해).

그러므로 기도할 때 우리 자신의 마음의 생각, 특별히 순간적인 감정적 충동을 아무렇게나 따르거나, 우리 자신의 공상을 따라서 우리의 소원을 지어내서도 안 되는 것이다(시 91:15 주해). 살아있는 신앙의 표현인 기도를 위한 지배적인 원리들은 자기부인(自己否認)과 자기억제 및 하나님의 말씀에 대한 순종이기 때문이다(마 21:21 주해).

그런 점에서 우리가 우리의 욕구들을 절제하여 하나님이 말씀 하신 것에 우리의 기도를 제한시키지 않으면 우리의 기도는 믿음으로 드리는 것이 될 수 없다(시 7:7 주해). 그러므로 기도를 위한 유일하고 안전한 법칙은 하나님의 말씀에 잘 비추어 그가 명시한 것을 따라 우리의 기도를 구성하고 우리의 기도가 우리의 심령 속에서 하나님의 약속들의 메아리가 되게 하며, 그가 약속하신 것 이상을 구하지 않는 것이다(시 7:7 주해).

4. 기도의 필요성과 동기

하나님께서 무한히 지혜로우시고 자비하시며 우리가 구하기 전에 우리에게 필요한 것을 그가 미리 아시고(마 6:8) 또한 우리가 구하는 것이나 생각하는 것보다 더욱 넘치게 행하실 수 있다고 하면(엡 3:20) 무엇 때문에 기도할 필요가 있으며 우리가 기도하든 하지 아니하든 우리에게 가장 좋을 대로 하나님은 행하지 않겠는가 하고 기도의 필요성에 대하여 반론을 제기할 수가 있다.

그러나 기도는 살아있는 믿음의 표현이요, 하나님께서 사람들에게 기도하라고 명령하셨으므로 분명코 필요한 것이 사실이다. 칼빈이 가르치는 바에 의하면 기도의 필요성은 절대적이지 않고 상대적이며, 기도의 동기를 개인의 인간적인 필요에 의한 것이다.

(1) 기도의 필요성

만일 기도의 필요를 절대적인 것으로 볼 것 같으면, 하나님은 피조물인 사람의 기도가 없이는 아무것도 행하실 수 없다는 말이 된다. 이렇게 되면 피조물에 대한 하나님의 주권적 통제가 부인되고 범사가 유한하고 죄악된 인간의 자유의지에 좌우되는 것으로 보아야 하는 중대한 오류에 빠지게 된다.

그러나 사실 하나님의 백성들이 기도할 마음을 품게 되는 것이나 기도할 수 있게 되는 것은 하나님께서 말씀과 성령으로 그들 가운데 믿음을 심어주고 죄 용서와 화목의 약속을 주신 데서 기인한 것이기 때문에 즉 기도의 문을 여시고 기도할 힘을 주신 것은 하나님이시기 때문에 기도는 그것에 의하여 범사가 결정된다는 의미로는 결코 절대적으로 필요하다고 말할 수가 없다. 그러기에 기도의 필요성은 상대적이다. 기도는 그것을 방편으로 하여 하나님이 자기의 목적을 성취하신다는 점에서 필요한 것이다.

그래서 칼빈도 기도는 사람이 자기의 무력함을 인식함으로 해서 가능케 되었다고 하고(III. xx. 1), 하나님께서 우리에게 기도를 명하신 것은 그분 자신 때문이 아니라 우리 때문이라고 하며 여섯 가지 이유를 제시하고 있다. 첫째, 하나님에 대한 우리의 사랑을 활성화하고 둘째, 우리의 욕망들을 순결하게 하며 셋째, 하나님의 은혜에 대한 감사를 깊이 느끼게 하고 넷째, 하나님의 자비를 더욱 고마워하게 하며 다섯째, 받은바 하나님의 복들을 더욱 크게 기뻐하고 여섯째, 하나님의 약속들에 대해 더욱 큰 확신을 가져야 할 필요 때문에 하나님이 우리에게 기도를 명하셨다고 칼빈은 말한다(III. xx. 3).

(2) 기도의 동기

기도가 하나님의 성령과 말씀에 의하여 예수 그리스도의 사랑과 은혜에 대한 반응으로 시작되는 것은 사실이지만, 기도의 동기는 우리의 인간적 필요에서 나온다(III. xx. 6). 우리 자신의 무력함과 죄악됨을 느끼며 우리가 구하는 모든 것이 얼마나 필요한가를 진심으로 자각할 때 그것이 기도의 동기가 되는 것이다. 그래서 칼빈은 "우리가 하나님의 은혜에 대한 필요를 느낄 때 구하는 것이 바로 기도하는 것이다" (렘 29:13 주해)라고 말한다.

그러므로 우리의 필요를 우리의 기도의 구실과 동기로 삼는 것을 부끄러워해서는 안 된다. 다윗의 경우를 보면, 그가 하나님께로 나아감에 있어서 자기의 필요를 전차(chariot)로 삼아 나아가 기도했다 (시 143:6 주해). 우리의 상황이 평안하고 순탄할 때일지라도 기도해야 할 것이지만 극심한 환란은 우리에게 더욱 더 간절하게 기도하라는 하나님의 요구요, 도전임을 깨달아야 한다(시 118:5 주해). 그래서 칼빈은 권하기를, "우리가 시험을 받을 때마다 거룩한 피난처로 나가듯이 기도하는 데로 곧장 나아가자"(빌 4:6 주해)고 했다.

그러나 우리가 기도할 때마다 항상 기억해야 할 것은 하나님 앞에서 우리의 참된 필요는 죄 용서에 대한 것이라는 점이다. 모든 다른 복의 근원이 사실상 하나님의 긍휼이기 때문에, 하나님의 자녀 된 자들은 마땅히 자기의 죄의 치유를 먼저 하나님께 구해야 한다(III. xx. 9).

우리가 기도함에 있어서 실제적 동기는 인간의 필요, 곧 하나님의 죄 용서의 긍휼을 구하는 것이지만 모든 기도에서 무엇보다 하나님의 영광이 첫 번째 동기가 되어야 한다(시 115:1 주해). 기도할 때 우리는 우리의 모든 인간적인 자만과 허영을 던져 버리고 오직 겸손히 하나님께 온전한 영광을 돌려드려야 하는 것이다(III. xx. 9). 웨스트민스터 대요리문답에도 우리는 하나님의 영광을 위해서 기도하되(184문답) 죄에 대한 깊은 인식과 통회하는 마음을 가지고(185문답) 할 것을 가르치고 있다.

5. 기도의 법칙

칼빈은 성령과 말씀을 따라 기도함에 있어서 특별히 네 가지의 법칙, 곧 경외하는 마음으로, 진심으로, 겸손하게 그리고 믿음으로 할 것을 제시한다.

(1) 첫째 법칙 : 경외하는 마음으로

구약성경에 보면, 예컨대 레위기에 나오는 의식법(레10:1~3) 등은 하나님의 거룩성과 초월성을 유념하게 하여 우리가 하나님께 나아갈 때 경외심을 가질 것을 강조한다. 그리고 기 도할 때 결코 불경건해서는 안 된다는 것을 다음과 같이 경고한다: "너는 하나님의 전에 들어갈 때에 네 발을 삼갈지어다 … 너는 하나님 앞에서 함부로 입을 열지 말며 급한 마음으로 말을 내지 말라 하나님은 하늘에 계시고 너는 땅에 있음이니라 그런즉 마땅히 말을 적게 할 것이라"(전 5:1, 2).

예수님께서도 그가 가르쳐 주신 주기도문에서 하나님을 부를 때 "하늘에 계신 우리 아버지"(마 6:9)라고 호칭하게 한 것은 하나님이 하늘에 계신 것을 우리로 하여금 알게 하려는 데 있지 않고, 하나님의 위엄이 무한하며 그의 본질은 불가해하고 그의 권능이 한량없으며 그의 존재 또한 영원함을 알게 하려는 데 있다고 칼빈은 해석한다(III. xx. 40).

그리고 주기도문의 첫째 기원, "이름이 거룩하게 되오며"에 대해서도 칼빈은 이 기원이 사람들로 하여금 하나님께 영광을 돌려드릴 것을 요구하는 것으로 해석한다. 하나님의 영광이 부분적으로는 우리의 배은망덕에 의해서 그리고 부분적으로는 우리의 악한 의지에 의해서 흐려졌기 때문에(III. xx. 41) 우리가 기도할 때 우리의 큰 수치를 인하여 하나님을 경외할 것을 칼빈은 아주 강조한다.

칼빈에 의하면 하나님께 나아가 하나님과 대화하며 기도하려는 자들은 합당한 생각과 마음을 가져야 한다. 즉 육신적이고 세속적인 염려나 생각들을 떨쳐내 버려야 하는 것이다(III. xx.4).

(2) 둘째 법칙 : 진심으로, 열정적으로

유대 종교 지도자들에 대한 예수님의 질책에는 기도할 때에 그들이 보여주는 위선에 대한 것이 포함되어 있다. 그들은 기도 할 때에 사람에게 보이려고 회당과 큰 거리 어귀에 서서 기도하기를 좋아했고(마 6:5), 외식으로 길게 기도하였다(막 12:40). 이러한 위선에는 자만심이 자리잡고 있었다. 그들의 기도에는 그들 자신의 필요에 대한 절실함이 전혀 없었고, 그래서 기도는 진실하지 아니했다.

성경은 위선적인 기도를 정죄할 뿐만 아니라 기도를 진실하고 열정적으로 할 것을 적극적으로 권한다. 그래서 예수님은 중언부언하는 기도를 경고하셨고(마 6:7, 8), 기도의 응답이 더딜 때 끈기있게 기도할 것을 권하였다(눅 11:5~8, 18:1~7). 그리고 기도에는 열정적인 열망이 포함되어 있어야 한다. 하나님의 긍휼을 구하여 기도한 세리는 자기의 감정이 고조되어 있음을 표현하여 자기의 가슴을 쳤으며(눅 11:13), 그리스도의 기도들은 심한 통곡과 눈물로 드려졌는데(히 5:7) 겟세마네 동산에서는 더욱 간절하게 기도하셨다(눅 22:44). 엘리야도 간절하게 기도했던 것으로 성경은 말한다(약 5:17).

그래서 칼빈은 진실하고 열정적으로 기도하는 것을 기도의 둘째 법칙으로 제시한 것이다. 그가 말하는 바에 의하면, 우리가 기도할 때 우리 자신의 무력함을 항상 느끼며, 우리가 구하는 모든 것이 우리에게 어떻게 필요한가를 간절하게 생각하고서 그것을 응답받고자 하는 간절한 열망을 이 기도에 가미시켜야 한다(III. xx. 6).

(3) 셋째 법칙: 하나님 앞에 겸손하게

기도는 열정적으로만 한다 해서 다 되는 것이 아니다. 우리의 열정은 하나님의 뜻에 합치되어야 하기 때문이다. 겸손한 기도의 전형적인 실례는 겟세마네에서의 예수님의 기도이다; "내 아버지여 만일 할 만하시거든 이 잔을 내게서 자나가게 하옵소서 그러나 나의 원대로 마옵시고 아버지의 원대로 하옵소서"(마26:39). 우리도 이와 같은 태도로, 진실하면서도 겸손하게 하나님의 뜻에 순복하여 "뜻이 하늘에서 이룬 것 같이 땅에서도 이루어지이다"(마 6:10)라고 기도해야 하는 것이다.

그래서 칼빈은 주장하기를 기도하기 위하여 하나님 앞에 서는 사람은 누구나 겸손하게 영광을 전적으로 하나님께 돌리고 자신의 영광을 전혀 생각지 않으며 자신을 가치 있는 존재로 여기려는 모든 생각을 버려야 한다고 한다. 즉 모든 자만심을 버려야 한다고 말한다(III. xx. 8). 그에 의하면 올바른 기도의 준비와 시작은 겸손하고 성실하게 죄를 고백하며 용서를 간구하는 데 있다(III. xx. 9).

하나님의 뜻에 순복하는 것은 그 뜻을 받아들일 뿐 아니라 그 뜻이 이루어지기를 갈망하는 것을 의미하는 것이기 때문에 이로 말미암아 사실상 우리의 기도의 내용이 결정되며 우리 스스로 기도의 내용을 조작하지 않게 된다. 이로써 겸손하고 순복하는 기도가 가능하다.

(4) 넷째 법칙 : 믿음과 확신을 가지고

성경이 분명하게 지시하는 바에 의하면 믿음은 응답받는 기도의 필수조건이다. 예수님께서는 이 점을 직시하여 말씀하기를 "만일 너희가 믿음이 있고 의심치 아니하면… 이 산더러 들려 바다에 던지우라 하여도 될 것이요 너희가 기도할 때에 무엇이든지 믿고 구하는 것은 다 받으리라"(마 21:21~22)고 하였으며, 야고보도 "오직 믿음으로 구하고 조금도 의심치 말라"(약 1:6)고 권면하였다. 그러므로 믿음의 기도는 어떤 일들에 대하여 확신과 소망을 갖는 기도이다(약 5:15).

이와 관련하여 칼빈이 제시하는 넷째 법칙은 기도하되, 우리의 기도가 응답되리라는 확실한 소망을 품고서 용기를 내어 기도해야 한다는 것이다. 기도에 대한 응답으로 주어지는 것은 모두 믿음을 통해서 얻는다고 하는가 하면(III. xx. 1), 사람들은 확신을 가지고 기도할 것이요, 공포심없이 그러나 경외심을 가지고 기도해야 한다고 칼빈은 또한 말한다(III. xx. 14).

(5) 요약

칼빈이 제시한바 네 가지 법칙은 웨스트민스터 대요리문답 (185문답)에 다음과 같이 진술되어 있다.

문 : 우리는 어떻게 기도해야 합니까?

답 : 우리는 기도할 때 하나님의 위엄 앞에서 두려움을 느끼며 우리 자신의 무가치함과 필요한 것들과 죄악들을 깊이 깨닫고 마음으로 회개하며 감사하고 열심을 품되 이해, 믿음, 신실, 열정, 사랑 그리고 인내로서 하나님을 섬기고 그의 뜻에 겸손히 순복하여 기도해야 합니다.

6. 기도의 내용

믿음으로 그리스도의 이름으로, 그리고 하나님의 뜻에 순복하여 우리가 구하면 무엇이든 하나님께서 응답하실 것이므로 우리 가 무엇을 구해야 할 것인가 하는 기도의 내용은 사실상 기도의 법칙에 의하여 결정되는 것이며 칼빈은 주기도문에서 우리가 드려야 할 기도의 내용을 하나님께서 제시해 놓으신 것으로 말한다(III. xx. 34).

(1) 기도의 내용을 제한하는 요소들

기도가 응답될 것으로 믿는 믿음은 기도를 응답하시는 하나님을 믿는 믿음과 불가분하다. 이 믿음에는 기도를 응답하시는 하나님의 능력과 자비하심을 믿는 믿음뿐만 아니라 하나님의 지혜와 약속에 대한 확신이 포함되어 있다. 즉 하나님의 계시된 의지에 나타난 약속을 믿고 확신하는 것이 포함되어 있는 것이다. 하나님께서 우리에게 자기의 기록된 말씀을 통해서 약속한 것들이 확실히 응답될 것임을 믿는 믿음에 의하여 우리의 기도의 내용은 제한된다(참조. III. xx. 11, 14).

이 믿음의 기도는 하나님의 뜻을 따라 하는 기도이다. 하나님은 자기 자신의 뜻에 일치하여 행하시기 때문에 하나님의 계시된 뜻을 따라 우리가 기도할 때에 우리는 기도의 응답을 확신할 수 있게 되며, 따라서 하나님의 계시된 뜻(the revealed will of God)에 의하여 우리의 기도의 내용이 제한되는 것이다.

또한 요한복음 14장 13절, "너희가 무엇을 구하든지"라는 구절이 "내 이름으로" 즉 "예수 그리스도의 이름으로"라는 구절에 의해 제한되어 있는 데에 나타나 있듯이 기도응답의 약속은 그리스도에 관한 계시와 일치하는 기도에 대해서만 주어지는 것이기 때문에 결국 우리의 기도의 내용은 그리스도에 관한 계시인 하나님의 말씀에 의하여 또한 제한되는 것이다.

(2) 주기도에 나타난 기도의 내용

우리는 우리의 감정적인 생각대로 결코 기도할 수가 없다. 우리가 간구하여도 정욕으로 쓰려고 잘못 구하면 응답을 받지 못하는 경우(약 4:3)에서 알 수 있듯이, 우리의 기도는 그리스도의 이름을 믿는 믿음과 하나님의 계시된 뜻 등에 의하여 제한된다. 그러나 주님께서는 그가 가르쳐 주신 기도에서 우리가 하나님께 구해야 하고, 또 구해도 좋을 것들을 제시해 주셨다.

첫째로, 우리의 기도는 하나님의 이름이 거룩하게 되는 것, 곧 하나님께 영광을 돌려드리는 것을 간구해야 한다. 그러므로 시편 기자처럼 "하나님이여 주의 이름과 같이 찬송도 땅 끝까지 미쳤도다"(시 48:10)하며, 그의 이름에 합당한 영광과 찬송을 그에게 돌려드려야 하는 것이다(III. xx. 41).

둘째로, 우리의 기도는 하나님의 나라가 이 땅 위에 임하기를 간구해야 한다. 사람들이 자기를 부인하고 세속의 생활을 경멸하며 천국생활을 사모함으로써 하나님께서 그의 성령의 권능으로 육체의 모든 정욕들을 바로잡고, 우리의 모든 생각을 하나님의 통치에 순종하도록 인도하시기를 구해야 하는 것이다. 우리는 여기서 모든 사람의 생각과 마음이 하나님의 말씀에 기꺼이 순종하도록 만드시기를 하나님께 기원하라는 명령을 받는다(III. xx. 42).

셋째로, 우리의 기도는 하나님의 뜻이 이루어지기를 간구해야 한다. 이는 모든 사람들이 하나님의 말씀에 계시되어 있는 그의 뜻에 순복할 때, 하나님이 세상에서 왕 노릇하실 것이기 때문이다. 우리는 이 기원을 통해서 자기를 부인하는 것을 배우게 되고 하나님은 우리 안에 새로운 마음을 창조하시는 것이다(III. xx.43).

넷째로, 우리의 기도는 일용할 양식을 구해야 한다. 이 기원을 통해서 우리 몸에 필요한 일반적인 모든 것을 구함으로써 우리는 하나님의 보호에 우리 자신을 맡기고, 그의 섭리를 신뢰하여 하나님이 우리를 먹이시고 키우시며 보존하도록 하는 것이다 (III. xx. 44).

다섯째로, 우리의 기도는 하나님께 죄 용서를 구해야 한다. 우리를 위하여 자신을 대속물로 주신 그리스도 안에 있는 구속 (또는 배상)을 하나님께서 긍휼을 베풀어 받으신 결과 우리의 죄를 용서하심을 알고 우리가 하나님의 그 크신 긍휼에 근거하여 죄 용서를 간구하는 것이다. 그런데 "우리가 우리에게 죄지은 자를 사하여 준 것 같이"라는 말은 우리가 다른 사람의 허물을 용서할 권세가 있다는 뜻에서가 아니다. 왜냐하면 죄 용서의 권세는 하나님께만 속해 있기 때문이다. 그러므로 우리가 남의 허물을 사해준다는 말은 우리 마음속에서 분노, 증오, 복수심 등을 다 제거한다는 것을 뜻한다. 그리고 또 여기서 유의할 것은 우리 가 다른 사람의 허물을 용서하는 것이 우리의 죄 사함 받는 것을 위한 조건이 아니라 우리의 연약한 믿음을 부분적으로 주님께서 위로하기 위함이라는 점이다(III. xx. 45).

여섯째로, 우리의 기도는 시험에 들지 않기를 간구해야 한다. 우리가 여기서 기원하는 것은 우리에게 있는 계속되는 사단과의 싸움에서 승리를 얻을 수 있도록 주님의 권능으로 굳게 설 수 있게 해 주옵소서 하는 것이다(III. xx. 46).

결론적으로 우리의 모든 기도는 교회의 공적인 건덕과 신자들 간의 교제의 증진을 도모해야 하고 우리의 확신과 기도를 위한 영원한 기초는 하나님 나라와 권세와 영광에 있음을 알아야 한다. "아멘"은 우리의 소원을 확고하게 하고 우리가 하나님께 구한 것을 얻고 싶어하는 우리의 간절한 바램을 나타낸다(III. xx. 47).

웨스트민스터 대요리문답에는 우리가 하나님의 영광과 교회의 평화와 우리 자신들과 다른 사람들의 선을 위하여 기도할 것이나, 무엇이든지 불법적인 것을 위해서 기도해서는 안 된다고 진술되어 있다(185문답).

7. 기도의 실제

(1) 공적 기도의 필요성과 교회당의 중요성

개인의 기도처럼 교회의 공적 기도 역시 끊임없이 드려져야 하되 공동의 합의에 의하여 해야 하며 정해진 시간에 할 수도 있다. 그러나 마음의 깊은 곳에서 우러나오지 않고 내용도 없는 말로 반복하는 기도는 위험하다(마 6:7). 공적 기도의 참된 목표는 하나님을 찬미하는 것이거나 그의 도움을 구하는 것이다.

교회의 공적 기도가 멸시되지 않도록 주께서는 일찍이 성전을 "기도하는 집"(사 61:7)이라고 칭하셨다. 이로 보건대 기도의 의무가 예배의 주요한 부분이며 성도들이 한 마음과 한 뜻으로 기도에 참여할 수 있도록 그의 성전을 일종의 깃발로 그들 앞에 세워 놓으셨음을 알 수 있다. 교회의 건물인 예배당은 성도들 가운데 신앙의 통일성을 촉진하기 때문에 아주 중요하다(III. xx. 29).

그러나 하나님이 교회당에 특별하게 임재해 계신다고 믿는다거나 교회당에서 드려진 기도를 보다 더 효과적이게 하는 특별한 거룩이 거기에만 있는 것으로 생각하는 불건전한 신앙을 갖지 않도록 해야 한다. 왜냐하면 우리 자신이 하나님의 참된 성전이기 때문에 만일 우리가 그의 거룩한 성전에서 하나님께 기도하려고 할 것 같으면 우리는 마음속으로 진실하게 기도해야 하는 것이다(요 4:23)(III. xx. 30).

(2) 노래와 일상언어를 사용하는 문제

우리의 마음이 깨어있도록 하고 모두 함께 한 영과 한 믿음으 로 하나님께 영광을 돌리며 성도들 상호간에 서로 덕을 세우기 위하여 노래와 일상언어가 사용되는 것이 좋다(III. xx. 31). 사도 바울은 "내 가 성령으로 찬미하고 또 마음으로 찬미하리라"(고전 14:15), "모든 지혜로 피차 가르치며 권면하고 시와 찬미와 신령한 노래를 부르며 마음에 은혜로(또는 감사함으로) 하나님을 찬양하라"(골 3:16)고 함으 로써 그는 목소리와 심령으로 노래할 것을 명하고 있다. 이 노래는 우리의 마음을 움직여 기도할 때 참된 열정을 품게 해 준다. 그러나 단지 귀를 즐겁게 하기 위해서 하는 노래는 교회의 위엄에 어울리 지 않고 하나님께 가장 혐오스런 것이 되어 버린다(III. xx. 32).

(3) 기도의 시간과 인내심

우리 각 사람은 기도하기 위하여 일정한 시간을 정하는 것이 좋다. 예를 들면 아침에 일어났을 때, 식사 때, 또는 잠자리에 들기 전 등이 좋다. 그리고 우리 또는 다른 사람들이 역경을 당할 때나 형통할 때 우리는 하나님을 향하여 기도해야 하는 것이다(III. xx. 50).

우리는 기도 시간을 정해 놓고 기도할 뿐 아니라 인내심을 가지고 기도해야 한다. 하나님의 섭리의 법칙에 의하여 우리 자신이 기꺼이 다스림을 받을 것 같으며, 우리는 기도할 때 쉽게 인내할 수 있게 되고 낙망하지 않으며 주님을 기다릴 수 있게 될 것이다. 주님은 우리의 간구를 결코 듣지 않는 분이 아니시다. 다만 하나님께서는 자기가 사랑하는 자들에게는 긍휼을 베풀어 어떤 것을 거절하나 악한 자들에게는 진노하시어 어떤 것을 오히려 때때로 허락하시는 수가 있을 뿐이다(III. xx. 51).

사랑이 많으신 하나님은 결코 자기가 사랑하는 성도들을 버리지 않으시며 자기 백성의 기대와 인내를 실망시키실 리가 없다. 하나님께서 우리의 기도를 응답하심에 있어서 우리가 요구하는바 그대로 반드시 응답하는 것이 아니며 놀라운 방식으로 그는 우리의 기도가 헛되지 아니했음을 보여준다(참조, 요일 5:15). 우리가 항상 인내하여 계속적으로 기도하지 않는다고 하면 우리의 기도는 헛되고 말 것이나, 진지하게 하는 경우 응답이 없는 기도는 사실상 없다(III. xzx. 52).

8. 기도와 만인제사장직

주 하나님께서는 모든 성도들을 산 돌같이 신령한 성전으로 세우셨을 뿐만 아니라 신령한 제사를 드릴 거룩한 제사장(벤전2:5), 왕 같은 제사장들로 삼으셨다(벤전 2:9). 하나님께서 우리를 성별하여 자기의 성전으로 삼으신 것은 그가 우리 가운데 거하시고 예배를 받으시기 위함이요, 우리를 제사장들로 삼으신 것은 하나님을 더욱 더 열심으로 섬기도록 고무하기 위함이다. 우리는 우선 먼저 우리 자신을 부인함으로 제물로 우리를 하나님께 드리고, 그리고 나서 기도와 감사와 구제 등을 드려야 한다(벤전 2:5 주해).

그리고 하나님께서 사단과 죄와 사망의 종들에게 왕의 자유를 누리게 하시고 세속적이고 부패한 자들에게 제사장의 영예를 주시어 왕 같은 제사장으로 삼으신 것은(참조, 벤전 2:9 주해) 우리가 머리 되신 그리스도의 중보와 제사장직에 참여하여 그리스도의 몸의 지체들로서 사랑으로 고취되어 교회를 위해 중보기도를 드리도록 하기 위함이다(III. xx. 19). 교회를 위하는 우리의 중보기도는 그리스도께서 항상 하시는 중보기도의 되울림(echo)이다. 그것은 또한 교회의 몸 안에서 우리가 서로 간에 하나 되어 있는 것과 우리의 큰 대제사장이시요, 머리이신 그리스도와 하나인 것을 나타내 준다. 시편 20편에는 다윗의 기도가 응답되기를 위하여 기도하는 백성들에 대하여 묘사되어 있는데, 이를 통하여 칼빈은 그리스도의 제사장적 중보와 교회의 기도 간의 관계에 대한 유추를 발견하고 말하기를 "우리의 왕이신 그리스도가 영원한 제사장이 되어 하나님께 중보하기를 결코 쉬지 않으시기 때문에 교회의 온 몸이 그와 더불어 기도로 하나가 되어야 한다"(시 20:2 주해)고 했다.

그러므로 제사장의 직분을 받은 우리 모든 성도들의 기도는 자기 중심적이어서는 안 되고 우리의 동료들과 사랑으로 깊이 결속되어 그들의 필요를 우리 자신의 것처럼 절실하게 느껴 드려져야 하는 것이다(딤전 2:1~2 주해). 우리의 기도는 항상 온 인류를 위하여 하되, 특별히 이 세대뿐만 아니라 오는 세대들까지 포함하여 온 교회를 위하는 중보기도여야 한다(시 90:16 주해). 사람들을 위하여, 온 교회를 위하여, 중보기도를 드리는 것은 우리가 그들에 대한 우리의 사랑을 표현할 수 있는 가장 강력하고 실제적인 방법이다(욥 2:11~13 설교).

그래서 웨스트민스터 대요리문답에도 "우리는 지상에 있는 그리스도의 전체 교회를 위하여, 위정자들과 교회의 직분자들을 위하여 우리 자신들과 우리의 형제들뿐만 아니라 원수들을 위해서 그리고 살아있는 자들이나 장차 태어날 모든 사람들을 위하여 기도할 것이지만 죽은 자들이나 사망에 이르는 죄를 범한 것으로 알려진 자들을 위해서는 하지 말 것입니다"(183문답)라 고 진술되어 있다.

결 론

기도는 하나님의 자녀의 살아있는 믿음의 표현으로서 하나님과의 친밀한 교통(intimate intercourse)이다. 성부 하나님이 기도를 들으시고 응답하시며 성자가 그의 이름으로 중보하시고, 성령께서 하나님의 계시된 뜻을 보여주고 있는 하나님의 기록된 말씀을 가지고 우리의 기도를 활성화시켜 주시기 때문에 우리는 기도를 통하여 삼위 하나님을 아는 지식이 깊어지게 된다. 이로써 칼빈이 말한 대로 (I. i. 1, 2), 하나님을 아는 이 지식은 우리에게 참된 지혜와 경건 그리고 건강한 믿음을 준다. 그래서 우리가 하나님께 영광을 돌리고 그를 영원토록 즐거워 할 수 있게 되는 것이다.

기도는 우리의 믿음의 표현이요 훈련이되 웨스트민스터 대요리문답과 하지 및 박형룡이 이해한대로 은혜의 방편이므로 이 기도는 교회 안에서 말씀 선포와 성령의 교제를 통해서 우리로 하여금 하나님의 은혜를 더욱 풍성하게 누리게 한다. 기도를 통하여 그리스도의 대속적 죽음과 부활에 나타난 하나님의 사랑을 감사할 때 그의 찢기신 살과 흘리신 피가 성령으로 우리를 성결케 하며 사랑과 능력, 성령충만, 성령의 열매와 은사, 내세 소망 을 가능케 해준다. 그래서 바운즈(E. M. Bounds)도 말하기를 "성도를 만드는 것은 기도의 힘이다. 기도하면 기도할수록 참된 성도가 되어간다. 기도를 위하여 많은 시간, 특별히 아침 시간을 바치면 성스러운 생활에서 그 효과가 현저하게 나타나게 된다"(Bounds, Power Through Prayer, p.57)고 했다.

그리고 우리의 기도는 하나님의 말씀에 의하여 문이 열리고 틀이 형성되며 그 내용이 규제되기 때문에 철저하게 말씀의 묵상을 요구하며, 말씀 묵상하는 기도는 하나님의 약속을 알기 때문에 확신과 소망을 갖게 한다. 또한 마음속에 깊은 감동과 큰 감격을 심어주어 마음으로부터 하나님을 찬미하게 한다. 그래서 기도는 말씀 묵상과 찬미와 더불어 행하여지는 것이다. 그러나 우리의 찬미는 말씀에 기초해야 하고, 지나치게 감정적이거나 충동적이어서는 안 된다.

우리의 기도는 하나님의 제사장으로서의 특권이요, 의무이다. 하나님 앞에서 죄 용서의 은혜를 감사하고, 그리스도 예수의 대속적 사랑에 감격하며 그의 대제사장으로서의 중보기도를 본받아 온 인류와 우주적 교회를 위하여 드리는 우리의 중보기도는 교회의 공동체성 회복의 지름길이요, 사랑과 믿음과 소망으로 하나 되어 하나님의 사랑을 체험할 뿐 아니라 형제 사랑을 실천할 수 있는 최상의 방편인 것이다.

저자소개

1946년 전라남도 나주에서 출생함(음력 11월 15일)

가족 : 아내 김은순/아들 나희삼(의학박사, 부산대학교 치의학전문대학원 교수)/며느리 최윤희(부산 동남권원자력의학원 혈액종양내과 과장/딸 나희경(UC Berkeley 졸업, 하버드대학교 보건대학원 Bio-statistician)/사위 Oliver Hofmann(하버드대학교 보건대학원 Bio-informatics Core director)/손녀 나유민, 나혜민

약력 :

미국 콘콜디아 신학대학원(Th.D.)

미국 카버난트 신학대학원(Th.M. cum laude)

총신대학교 신학대학원(M.Div. Equi.)

전남대학교 법과대학(B.A.)

목사안수(1978년, 대한예수교장로회 전남노회)

렘넌트신학연구원 조직신학 강의(2013년~)

개신대학원대학교 명예교수(2013년)

개신대학원대학교 교수, 교무처장, 사회교육원장(1991년~2012년)

개신대학원대학교 총장(2010년 11~2012년)

광주신학교(현, 광신대학교) 교수 및 교장(1977-1981,1984-1991년)

개혁신학회 부회장(2008년-2010년)

한국기독교총연합회 신학위원회 부위원장(2005년~2011년)

한국기독교총연합회 이단사이비 대책전문위원회 부위원장(2012~2013년)

대한예수교장로회 총회(개혁) 신학위원회 위원장(2010년~2011년)

Inter-Serve 광주지회 이사회 회장(2005년~)

오치애양교회 담임목사(2000년~)

광주애양교회 담임목사(1992~1999년)

오치종합사회복지관 이사(1992~2000년)

광주동명교회 대학부 지도목사(1980~1990년)

광주중앙교회 협동목사(1978~1979년)

저서 :

「해방신학비판」 (기독교문서선교회, 1983년)

「급진신학비판」 (기독교문서선교회, 1984년)

「정치신학비판」 (기독교문서선교회, 1984년)

「민중신학비판」 (기독교문서선교회, 1984년)

「그리스도인과 폭력」 (기독교문서선교회, 1986년)

「민중신학평가」 (기독교문서선교회, 1987년)

「창세기 문답공부」 (기독교문서선교회, 1989년)

「로마서 문답공부」 (기독교문서선교회, 1989년)

「기독교 세계관 문답공부」 (기독교문서선교회, 1990년)

「현대신학평가」 (기독교문서선교회, 1991년)

「성경핵심입문」 (기독교문서선교회, 1991년)

「칼빈과 개혁신학」 (기독교문서선교회, 1992년)

「영성과 경건」 (기독교문서선교회, 1999년)

「웨스트민스터신앙고백서」 (기독교문서선교회, 2000년)

「핵심조직신학개론」 (기독교문서선교회, 2002년)

「기독교신앙의 진리」 (기독교문서선교회, 2004년)

「명쾌한 기독교신학과 생활」 (기독교문서선교회, 2006년)

「새가족반」 (기독교문서선교회, 2007년)

「천국복음CEO 로마서」 (기독교문서선교회, 2008년)

「발전하는 보수신학」 (기독교문서선교회, 2008년)

「예수님의 하나님 나라」 (RTS, 2010년)

「칼빈의 기독교강요개요」 (기독교문서선교회, 2010년)

「성경에서 계시받고 인생을 찾다」 (도서출판 생명, 2012년)

「성경에서 하나님을 만나다」 (도서출판 생명, 2013년)

「성경에서 예수님을 알다」 (도서출판 생명, 2013년)

「성경에서 계시를 받다」 (에페코북스, 2014년)

「성경에서 인생을 찾다」 (도서출판 생명, 2014년)

「성경에서 구원의 행복을 누린다」 (에페코북스, 2014년)

「성경에서 교회와 종말을 배운다」 (에페코북스, 2014년)

「기독교의 정석」 (에페코북스, 2014년)

역서 :

존 머레이, 「칼빈의 성경관과 주권사상」 (기독교문서선교회, 1976년)

디머레이, 「강단의 거성들」 (생명의말씀사, 1976년)

브루스, 「신약사」 (기독교문서선교회, 1978년)

레이몬드, 「신오순절운동비판」 (개혁주의신행협회, 1978년)

칼빈, 「신약성경주석 7:로마서, 빌립보서」 (성서교재간행사, 1979년)

헨드릭슨, 「목회서신」 (아가페출판사, 1980년)

브레이크록, 「사도행전」 (기독교문서선교회, 1980년)

골든 클락, 「장로교인들은 무엇을 믿는가?」 (개혁주의신행협회, 1980년)

윌리암슨, 「웨스트민스터신앙고백서 강해」 (개혁주의신행협회, 1980년)

브라이쉬, 「주님의 사역연구」 (평화사, 1985년)

누네즈, 「해방신학 평가」 (기독교문서선교회, 1987년)

로날드 월레스, 「칼빈의 기독교생활원리」 (기독교문서선교회, 1988년)

거쓰리, 「신약개론」 (기독교문서선교회, 1988년)

벵겔, 「신약주석: 로마서」 (로고스, 1990년)

벵겔, 「신약수석: 고린도전서-갈라디아서」 (로고스, 1992년)

벵겔, 「신약주석: 베드로전서-유다서」 (로고스, 1992년)

에릭슨, 「인죄론」 (기독교문서선교회, 1990년)

함몬드, 「간추린 조직신학」 (기독교문서선교회, 1994년)

IVP편, 「새성경사전」 (기독교문서선교회, 1996년)

에릭슨, 「조직신학개론」 (기독교문서선교회, 2001년)

레이몬드, 「최신조직신학」 (기독교문서선교회, 2004년)

베르까우어, 「개혁주의 교회론」 (기독교문서선교회, 2006년)

레이몬드, 「개혁주의 기독론」 (기독교문서선교회, 2007년)

홀과 릴벡 편, 「칼빈의 기독교강요신학」 (기독교문서선교회, 2009년)

스프로울, 「보이지 않는 손」 (RTS, 2011년)

논문 :

"A Theological Assessment of Korean Minjung Theology, Biblically and Systematically" Concordia Journal (St. Louis : Concordia Seminary, 1988)

"칼빈의 기도론" (「개혁신학」 창간호, 1994년)

"성화와 기독교윤리" (「개혁신학」 제2집, 1995년)

"박형룡의 교의신학에 대한 발전적 평가" (「신학지남」 252호, 1997년 가을)

"칼빈주의적 복음주의신학과 한국장로교회" (「개혁신학」 제3집, 2002년)

"조나단 에드워즈의 영성" (「개혁신학」 제3집, 2002년)

"성령세례와 성령충만에 대한 신학적 이해" 「개신논집」 제4집, 2004년)

"영광스러운 교회에 대한 신학적 고찰" (「개신논집」 제4집, 2004년)

"현대신학사상의 큰 흐름" (「개신논집」 제5집, 2005년)

"하나님의 특별계시의 성질" (「개신논집」 제6집, 2006년)

"로잔언약과 한국교회의 과제" (「개신논집」 제7집, 2007년)

"기독교의 세속화와 복음주의 영성" (「개신논집」 제8집, 2008년)

"믿음과 칭의에 대한 칼빈의 이해" (「개신논집」 제9집, 2009년)

"웨스트민스터소요리문답 제1문답의 역사적 배경과 의미 "「개혁신학」 (웨스트민스터신학원, 1992년)

"개혁교단의 역사와 개신대학원대학교의 신학적 권위" (「개신논집」 제10집, 2011년)

"한국교회가 꼭 바로 알아야 할 교리 열 가지" (「개신논집」제11집, 2011년)

"성경적 인생관" (「개신논집」제12집, 2012년)